跨 | 越 | 时 | 空 | 的 | 中 | 国 | 词

有教无类

学以成人的教育理念

谢远笋 著

外语教学与研究出版社
北京

图书在版编目（CIP）数据

有教无类 ：学以成人的教育理念 / 谢远笋著. —— 北京 ：外语教学与研究出版社，2022.6

（跨越时空的中国词）

ISBN 978-7-5213-3655-9

Ⅰ. ①有… Ⅱ. ①谢… Ⅲ. ①教育思想－研究－中国－古代 Ⅳ. ①G40-092.2

中国版本图书馆 CIP 数据核字（2022）第 095923 号

出 版 人　王　芳
项目策划　刘旭璐
责任编辑　刘虹艳
责任校对　刘　佳
封面设计　覃一彪
版式设计　郭　莹
出版发行　外语教学与研究出版社
社　　址　北京市西三环北路 19 号（100089）
网　　址　http://www.fltrp.com
印　　刷　三河市北燕印装有限公司
开　　本　889×1194　1/32
印　　张　10.5
版　　次　2022 年 7 月第 1 版　2022 年 7 月第 1 次印刷
书　　号　ISBN 978-7-5213-3655-9
定　　价　58.00 元

购书咨询：（010）88819926　电子邮箱：club@fltrp.com
外研书店：https://waiyants.tmall.com
凡印刷、装订质量问题，请联系我社印制部
联系电话：（010）61207896　电子邮箱：zhijian@fltrp.com
凡侵权、盗版书籍线索，请联系我社法律事务部
举报电话：（010）88817519　电子邮箱：banquan@fltrp.com
物料号：336550001

总序

对于“中华思想文化术语”这一名称，有的读者朋友或许有些陌生。实际上，日常生活中很多耳熟能详的词语，像“道”“理”“气”“诚”“仁”“义”“礼”“智”“信”“温故知新”“厚德载物”“自强不息”“和而不同”“见贤思齐”“得道多助，失道寡助”“千里之行，始于足下”等都属于中华思想文化术语。简要地说，中华思想文化术语就是浓缩了中华哲学思想、人文精神、价值观念、思维方式的词语。在几千年的历史长河中，中华民族创造了至今仍为世界瞩目的古代文明，涌现出许多杰出的思想家，而中华思想文化术语就是中国古代思想家对自身、家国天下、天地万物进行探索与思考的成果，是古代思想家用以阐述个人见解并建立思想体系的基石和支点。正是凭借这些术语，先哲们才得以建造出气势雄伟、楼阁高耸、厅室辉映的中华文明大厦。中华思想文化术语凝聚了中华民族的理性智慧与精神基因，也是今人打开古代思想宝库的密钥。可以说，不理解中华思想文化术语，就不可能真正读懂古人、读懂中华民族精神、读懂数千年中华文明史。打个比方，如果不理解“道”“有无”“无为”“道法自然”“相反相成”“反者道之动”等术语，就很难读懂老庄的思想，也很难读懂魏晋以后的很多文艺作品。

“中华思想文化术语传播工程”（以下简称“术语工程”）即是以整理、诠释、翻译中华思想文化术语为主要目标的基础性文化建设工程。自2014年启动至今，“术语工程”已经整理翻译了文史哲等领域的上千条中华思想文化术语，这些术语或为中华思想文化史上的基本概念，或为古人提出的重要思想命题。也许有读者会问，人类已经进入21世纪，各种新名词、新术语层出不穷，为何还要挖掘、整理这些古代的思想文化术语呢？“术语工程”主要是出于以下几方面的考虑。

第一，“盘点”古人留给我们的精神遗产。人们常说，中华思想文化博大精深，但到底多“大”、多“深”，没有人能说清楚。如果将古人的精神遗产比作矿藏，将“盘点”这些遗产比作探矿，那么，只要持之以恒，终有一天我们是可以探明它的“储量”的。《周易·文言》说“知至至之”，《礼记·中庸》说“诚之者，人之道也”，《论语·子罕》说“虽覆一篑，进，吾往也”，意思是只要不懈努力，终究能达到目标。当然，这个类比不完全恰当，因为形而上的“道”、天地万物的“理”，还有像孔子、老子等伟大思想家的思想，是很难测知它们的边际和深度的，但是古人用以建构思想体系的术语则是可计量的、可探查的。“术语工程”的要旨就是通过探查中华思想文化术语，大致推知中华民族精神遗产的“储量”。在中华思想史上，每一位学者、每一个学术流派、每一个历史时期都有自己的思想文化术语，但“术语工程”要梳理的则是纵贯中华文明史，横跨哲学、历史、文艺等众多领域的术语。对中华思想文化术语作如此全面系统的梳理，在我国尚属首次。通过对术语的梳理，我们可以全面了解中国古人对自身所处自然环境、社会历史、生存状况的认识与思考，体会他们的内心世界和精神追求；同时也可将那些具有普遍意义、代表文化发展方向、符合全人类共同价值的术语挑选出来。所以，梳理中华思想文化术语，也是对中华民族精神遗产进行去粗取精、去伪存真、披沙拣金的过程。

第二，破译中华数千年文明的基因和密码。每一种文明都有其独特的基因和标记，主要体现为不同的哲学思想、人文精神、价值观念和思维方式。中华民族在与大自然长期相互依存又斗争的进程中，在各民族多元一体相互融合的历史中，逐渐形成了不同于世界其他文明的思想轨迹与学术传统，也形成了自己独特的思想观念、民族精神和思维方式。比如，在西方人的观念中，人与自然往往是彼此对立的两极，自然是被征服的对象；而中国古人则一般认为，人是天地万物的一部分，人类社会与天地万物服从于共同的秩序，天地万物的“理”，也是人类社会的“理”，因此，认识了天地万物之“理”，也就认识了自我，同样，反观自我，亦可通天地万物之“理”，尽万物之性，进而可“赞天地之化育”“与天地参矣”（《礼记·中庸》）。古人用“太极”“道”“理”“气”等术语说明天地万物的本原和普遍规律，用“太极—阴阳—五行”这样一个理论范式说明天地万物与人类社会形成、变化的过程。宋明理学家基于“心”“性”“理（道）”同一性的准则，阐发“我”与万物合一的思想。这些与西方人的思维方式是完全不同的。只有把握中国人的思维方式，才能深刻把握中华思想文化的精髓。

第三，为解决世界问题贡献中国智慧。当前，人类面临诸多挑战，如环境恶化、贫富分化、腐败滋生、地缘冲突不断等，这些问题的最终解决需要汇聚全人类的智慧。以儒家思想占主导的中华文明，主张由心性入手，从根本上去除私欲，复归人本有的善性，使言行自觉合于天道。“物有本末，事有终始，知所先后，则近道矣。”（《礼记·大学》）先哲的很多论述对今人仍有启示。像“和”“和而不同”“和为贵”“协和万邦”等术语所蕴含的思想，对于看待和化解人与人、国与国的分歧就有重要参考价值。据《国语·郑语》记载，早在西周末年，郑国史伯就根据日常生活经验与自然规律，体悟到了“和”对于天地万物及人类社会所具有的普遍意义。他对郑桓公说：“夫和实生物，同则不继。以他平他谓之和，故能丰长而物归之；若以同裨同，尽乃弃矣。……声一无听，物一无文，味一无果，物一不讲。”“和”以差异性、差别化的存在为前提，寻求各种差异、差别的总体均衡，使之和谐并存于一个共同体。“和”是事物得以生长、壮大、延续的生命动力；相反，“同”则意味着同质性或机械的一致，也就意味着事物生命力的终结。在“和”“同”之辨的基础上，孔子提出“和而不同”的命题，将自然现象的“和”提升到道德与社会层面来认识，这一理论上的自觉意味着“和”成为中华思想文化的核心观念。“和也者，天下之达道也”（《礼记·中庸》），“和”“和而不同”是自然与社会普遍通行的法则，也高度凝聚了中华民族的理性智慧。

第四，为建设当代中国话语体系提供坚实基础。晚清以后，随着西学东渐与近代科技传入中国，儒家占主导的传统话语体系逐渐被西方话语体系取代，无论是自然科学还是社会科学，其基本框架、研究范式及学术话语大都来自西方，对中国传统思想文化的研究与解读也往往运用西学范式和西方话语。新中国成立后，随着改革开放的深入与综合国力的提升，中国日益走近世界舞台的中央，而中国话语体系的建设没有跟上经济发展的节奏，中国的制度、国情、外交、社会关切、价值观念等都有待我们用自己的话语进行解读并及时传达给国际社会。越来越多的有识之士意识到这个问题的重要性与紧迫性。可是，中国话语体系不可能凭空产生，它的话语构成、议题设置、规则建构等都需要从中国传统话语体系中汲取滋养。中国传统话语体系是中华民族对自己的历史传统、人文精神、生存境况、社会现实等许多重大问题的理性概括与理论表述，而中华思想文化术语正是这种理性概括的结晶。梳理中华思想文化术语的目的之一，就是要从浩如烟海的中华典籍中挖掘那些既具中华民族特色又具世界普遍意义的话语，通过对富有民族特色的思想文化术语进行创造性转化和创新性发展，为构建当代中国的话语体系提供坚实的基础。只有建构起中国人自己的话语体系，才能在世界话语体系中占有一席之地，真正实现与西方国家的平等对话。

这是“术语工程”的宗旨，也可以说是最终愿景。而实现这个愿景，可能需要几代人甚至很多代人的持续努力。《尚书 · 周官》说：“功崇惟志，业广惟勤。”《论语 · 泰伯》说：“士不可以不弘毅，任重而道远。”我们每一个中国人都肩负着传承光大中华思想文化的重任。而欲当此重任，必要深透了解本民族的思想文化；而欲了解本民族的思想文化，必由中华思想文化术语启其门径。

为了普及中华思想文化术语，“术语工程”秘书处策划了“跨越时空的中国词”丛书，首批推出《家国天下：修齐治平里的人文情怀》《民惟邦本：民本思想与中国古代政治》《仁者无敌：早期中国的兵家与军事》《有教无类：学以成人的教育理念》《人文化成：礼乐文明的理想指归》五本。由于“术语工程”要兼顾外国普通受众，因此对术语的解释高度概括凝练，很多内容无法展开。相比之下，丛书则有详细阐发的空间。丛书选择中华思想文化史上影响较大的若干术语为主题，用深入浅出的语言全面讲述中华民族的思想观念、思维方式、文化特征，深入阐发每条术语的历史背景、基本含义、思想源流以及当代价值，行文中还穿插很多引人入胜的历史故事，足以激发读者对中华传统思想文化的兴趣并可增慧启智。

因丛书策划之初，笔者有幸读过书稿提纲和部分章节，“术语工程”秘书处领导命我简要介绍一下“术语工程”及丛书概况，故而不揣浅陋写了上面的话，权作我的读后感想。

严学军

2022年3月28日于北京

前言

《有教无类：学以成人的教育理念》是一本关于中国传统教育的书。笔者自己教学、做研究主要集中在传统儒家哲学和现代新儒学，初看起来与“教育”并不直接相关。因为通常我们对“教育”这个术语的理解，主要是着眼于其“教育学”的意义。“教育学”作为一门现代学科，它是研究教育原理、教学方法及教学管理等问题的科学。

我们知道，中国传统教育将立德立人放在首位，其主要目的并不在于培养各种专门的人才。如果说前者对应的是成“人”的教育，那么后者对应的则是成为“某种人”（成才）的教育。特别是儒家的教育，从教的方面来说，重在教人成德，所以称为“成德之教”；从学的方面来说，它强调人的内在德性的自觉，所以称为“为己之学”。

成德之教、为己之学在中国哲学中属于工夫论领域，用现代学术语言来说，它们是就道德哲学的方法论而言的，类似于康德在《道德底形上学》[1]一书中所讲的“伦理学的方法

1 *Metaphysik der Sitten* 是康德晚年著作，李明辉译为《道德底形上学》。

论”，并非教育学意义上的教学方法。因此本书所述内容主要是哲学意义上的，而非现代教育学意义上的，虽然二者并不能截然分开。

所谓“性相近，习相远”，人的本性是相近的，由于习染不同才有了差别。因此孔子提倡“有教无类”，主张“学而知之”，意思是说，无论哪一类人，都应该受教育，只有学习才能让人性得到发展和完善。“性相近”说明人皆有成德的可能性，“习相远”则凸显教育的重要性。

“学”可以获得知识，发展智力，但“学”并不限于知识之学，学习的过程也是成人的过程。所谓“为己”是指成就自己的人格，孔子所说“匹夫不可夺志也”，孟子所言“大丈夫”，荀子所谓“成人”，都是对人安身立命的内在价值而言的，是对人不受外物所役的独立精神、自由思想的肯定。当然，成就人格，并不是以自我为中心，而是要推己及人，与社会、与他人和谐，最终与天地万物为一体。

有教无类、学以成人等教育理念影响了中国几千年，一直延续至今。在中国历史上，有教无类、推举贤才的理念落实在制度中，先后经历了荐举制、九品中正制、科举制等形式，逐步建立了系统的教育体系和完备的人才选拔制度，对中国社会的发展和文明的演进产生了重大影响。中国近现代实现了向近现代学校与考试制度的转变。在现代社会，教育普及化的程度已非常高，社会分工也愈来愈细，划分科系的技术性、专门性教育大行其道，成才的教育日益兴盛，成人的教育日渐萎缩。

与源自西方的现代教育方式相比，中国传统教育有自身的特色，其中不乏可资现代借鉴之处。本书从中国传统教育思想中提取十二个代表性主题，分章介绍其主要内容，体系如下：

第一章论述“有教无类”思想的基本内容及其实践情况，并揭示其“博雅教育”的含义；第二章“庠序之教”介绍中国传统学校教育的发展演变，以及它向近现代学校教育的转变过程；第三章分析书院兴衰及其近现代转型；第四章解读“为己之学”教育理念的主旨；第五章诠释传统师友之道；第六章介绍“因材施教”的教育原则和方法；第七章辨析学与思，指出二者均为获取知识的途径，不可偏废；第八章疏解传统“格致”理论，以及它如何向现代“科学”概念转变；第九章诠解中国传统知行理论；第十章“孔颜乐处”阐发安贫乐道、自得其乐的处世态度与人生境界，并简述“美学”概念的引入；第十一章阐释“经世济民”思想，梳理它向现代“经济”概念转变的历程；第十二章介绍中国传统体育及其近现代转型。

毫无疑问，源自西方的分科式的现代教育体系，对中国教育从传统到现代的转型产生了深远影响和重要意义，但也造成了分科的单一化、知识的平面化等诸多问题。教育有时候被忽略了其最根本的宗旨，即我们在成为“某种人”之前，先要成为“人”。当然，探讨中国传统教育思想，并不是要否定已经建立起来的现代教育体系，而是以其合理之处纠现代分科教育之偏。

中国传统的教育是广义的教育，就像前面提到的，我们可以从哲学、教育学、历史学等不同层面、不同角度对它加以解读，其中的很多专题，学界已经做了深入的研究。作为这方面的一本普及读物，本书只能择要介绍中国传统教育的代表性内容，介绍时对已有的研究成果多有参考，这是笔者要特别指出来的。如果说有什么新意的话，笔者自认是本书以“学以成人”为线索，将十二个主题连贯起来，构成一个整体，并做出深入浅出的论述。是否真的做到了这一点，尚祈博雅君子，不吝赐教。

谢远笋

2022年3月于武汉

目录

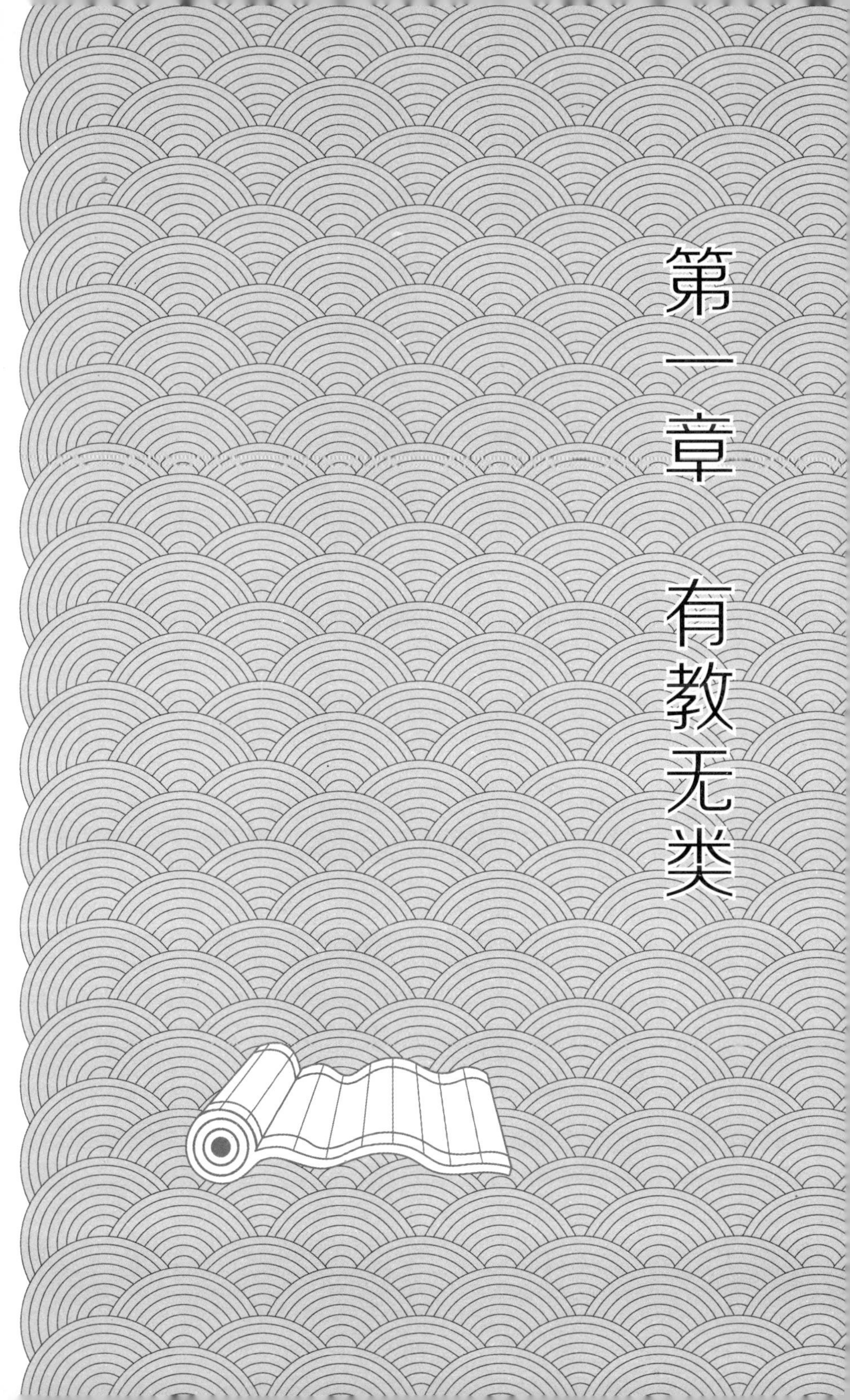

第一章 有教无类

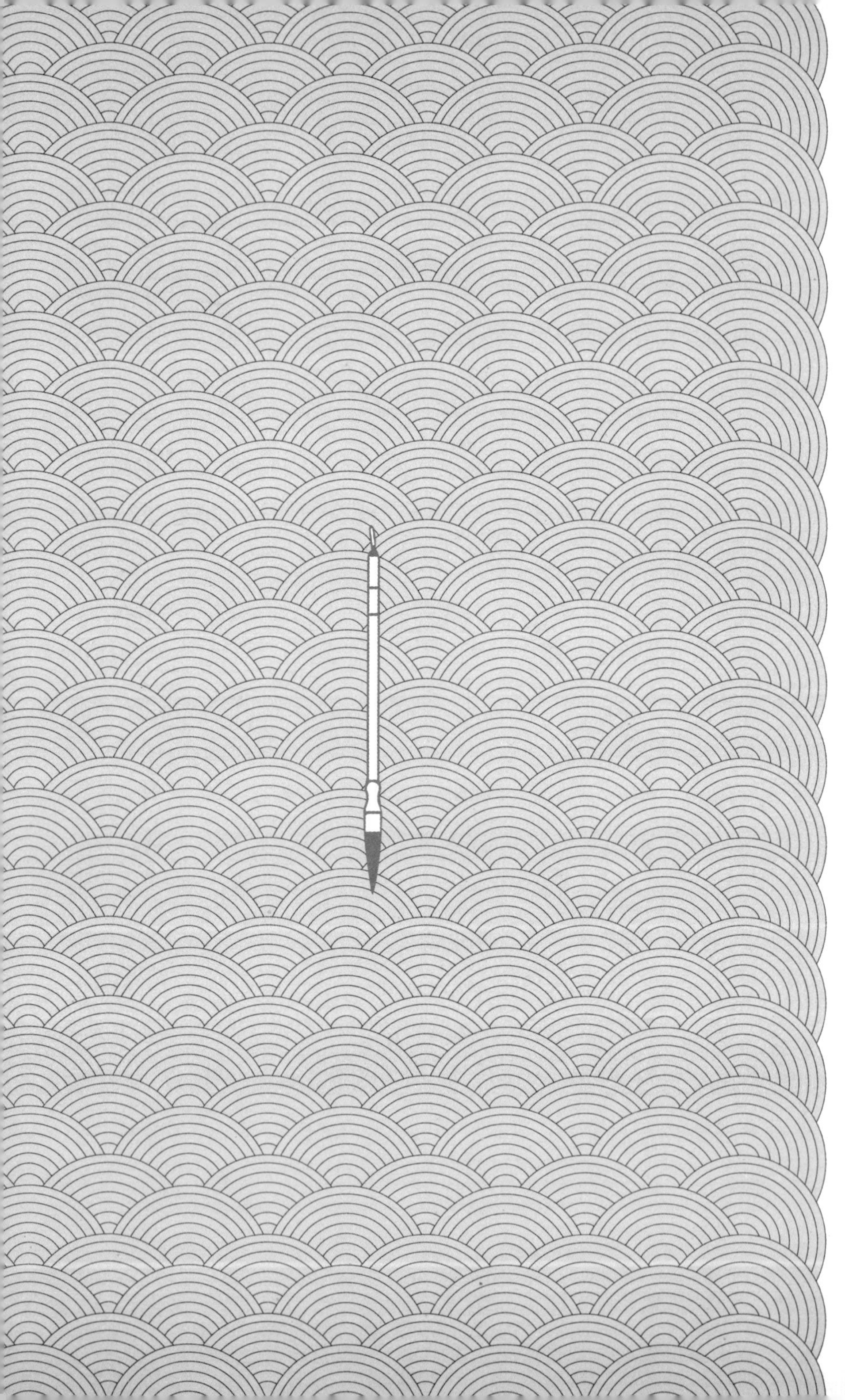

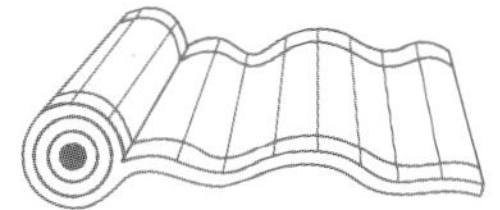

中华文明是重视学习的文明，中国文化有尊重学习的传统，这在《论语》中便得到体现。《论语》以《学而》开篇，其首句便是孔子的话："学而时习之，不亦说乎？"学习，然后按时实践它，不是一件很快乐的事情吗？将这句话置于一书之首，正是《论语》重视"学习"的体现。

最开始的时候，并不是每个人都有机会学习。春秋以前，学在官府，学校教育权为世袭贵族所把持，只有贵族及其子弟才能受教育，教育是"有类"的。孔子提倡"有教无类"，主张人人都可以受到教育。孔子的教学实践不仅打破了贵族对文化教育的垄断，同时也加速了学术下移的进程，扩大了教育范围，促进了华夏文化传承和发展。这是中国历史上的一件大事。

春秋时期，"天子失官，学在四夷"（《左传·昭公十七年》），学术文化逐渐下移，孔子设坛授徒，开启私人讲学的传统。他主张人不分贵贱、智愚、地域，均可入学受教。孔门弟子甚众，遍及鲁、卫、吴、陈、齐等诸侯国，来自不同社会阶层，具有不同文化背景，受教于孔子思想发展的不同时期，有着不同的性格和志趣，他们的思想倾向也并不完全一样。

据《荀子·法行》，南郭惠子问子贡："夫子之门，何其杂也？"子贡说，君子端正身心以待来学者，欲来的人不拒绝，想走的人也不阻止，就像良医门前多病人，正木器旁边多曲木，因此弟子自然庞杂。孔子是第一位打破贫富、贵贱、智愚、地域等因素的限制，将教育平等的思想贯彻于教育实践之中的大教育家。

学而知之

人为什么需要学习，或者说人为什么要受教育呢？这得从人或者人性谈起。孔子说："性相近也，习相远也。"（《论语·阳货》。以下本书引《论语》仅注篇名。）孔子看重教育对人性的培养所起的作用。人的本性是相近的，由于习染不同才有了差别。这是孔子教育思想的人性论根据。"性相近"说明人皆有成德的可能性，"习相远"则凸显教育的重要性。这二者相比较，孔子认为人的品德差异往往在于"习"而不在于"性"，正是教育的不同使得人们的差异越来越明显。因此孔子主张"学而知之"，他认为只有学习才能让人性得到发展和完善。孔子一生的教育教学活动，正是在"学而知之"思想的指导下进行的，他"十有五而志于学"（《为政》），"学而不厌，诲人不倦""发愤忘食，乐以忘忧"（《述而》），将学习与教育作为终生的志向和事业。

孔子说："生而知之者，上也；学而知之者，次也；困而学之，又其次也；困而不学，民斯为下矣。"（《季氏》）生来就知道的是上等；学习然后知道的是次等；经历困境后才知要学的，又次一等；遇到困难仍然不学，则是最下等了。《中庸》中孔子也说："或生而知之；或学而知之；或困而知之：及其知之，一也。"虽然人的资质有高下之分，但是通过不同途径，只要掌握了知识和道理，就是一样的。孔子说自己并非"生而知之者"，他只是"好古，敏以求之者也"（《述而》），他具有爱好古代文化、向慕古代圣贤的品格，并且勤奋学习得到知识。

孔子"学而知之"的主张，与其"生而知之"以及"唯上知与下愚不移"（《阳货》）等说法，看似矛盾，但其实，在儒家的语境中，"才德全尽"的圣人方为"生而知之者"。圣人是"人伦之至"（《孟子·离娄上》）的人格典范。虽然儒家主张"即凡而圣"，但圣人并非直接就是现实生活中的人。孔子说"若圣与仁，则吾岂敢"（《述而》），他自己并不以圣人自居。孔子所谓"困而不学"，并不是说此类人天生就没有学习能力，而是说他们即使遇到困难了也不愿意学习，这是他们主观意愿的问题，而非天生资质的问题。可见，"困而不学"之说与"学而知之"并不矛盾。虽然孔子有"唯上知与下愚不移"的说法，但是他从未明确指出过谁是"生而知之"的上智之人，或许这种人只存在于理想之中，现实中是找不到的，可见孔子所说的教育是针对"中人"而言的，现实生活中的人，都是通过后天学习来获得知识的。

孔子有著名的"六言""六蔽"说，主张以"学"来防偏救弊。所谓“六言”“六蔽”是指六种品德和六种弊病，正面的品德沦为负面的弊病正是由不学习导致的。据《阳货》篇，孔子说：“好仁不好学，其蔽也愚；好知不好学，其蔽也荡；好信不好学，其蔽也贼；好直不好学，其蔽也绞；好勇不好学，其蔽也乱；好刚不好学，其蔽也狂。”爱仁德却不爱学问，其弊病是易遭人愚弄；爱耍聪明却不爱学问，其弊病是放荡不羁；爱诚信却不爱学问，其弊病是容易被人利用，反而伤害自己；爱直率却不爱学问，其弊病是说话尖刻，刺痛人心；爱勇敢却不爱学问，其弊病是捣乱闯祸；爱刚强却不爱学问，其弊病是胆大妄为。如果我们轻视学习，就会使得仁、智、信、直、勇、刚等好的品德偏离正确的轨道，产生诸如愚、荡、贼、绞、乱、狂等弊病。

荀子延续了孔子“学而知之”的思想。他说：“吾尝终日而思矣，不如须臾之所学也；吾尝跂而望矣，不如登高之博见也。”（《荀子·劝学》）整天空想，不如片刻的学习；踮着脚跟远望，不如登高看得远。在他看来，学习的积累是人格养成和完善的重要途径，也正是所“积”的不同，才导致人们“习相远”。荀子举例说：“人积耨耕而为农夫，积斫削而为工匠，积反货而为商贾，积礼义而为君子。”（《荀子·儒效》）人们学习积累耕种的经验就会成为农夫，学习积累砍削的经验就能成为工匠，学习积累贩货的经验就能成为商贯，不断学习实践礼义则终将成为君子。人们的人格特质并非是天生的，而是通过后天的学习积累才形成的。

学习不仅是知识的获取，也是人格的践履。“学”并不限于知识探求，它要转化为道德实践。正如明代的王阳明所言：“外心以求理，此知行之所以二也；求理于吾心，此圣门知行合一之教。”（《传习录》中）在心外寻求理，这是将知行分别为两件事的原因；在心中寻求理，这是“知行合一”的教法。他又说：“知之真切笃实处，即是行；行之明觉精察处，即是知。知行工夫本不可离，只为后世学者分作两截用功，失却知行本体，故有合一并进之说。”（《传习录》中）认知达到真切笃实的境地，便是“行”；践行达到明确的自觉和精微的省察的境地，便是“知”。知与行的工夫不能割裂，不能分为“两截”。知必然要表现为行，不行不能算真知。

有教无类

春秋之前，教育主要由官府举办，教学对象都是贵族世家子弟。国家为教育设立各类专门的机构，即“古之教者，家有塾，党有庠，术有序，国有学”(《礼记·学记》)。塾、庠、序、学是各类教育机构的名称，它们主要依据覆盖地域的大小而设立。贵族子弟根据情况进入不同学校学习，并接受相应的考核，而当时平民子弟是没有机会接受教育的，这种情况一直持续到西周末年。春秋时期，时局动荡，一些贵族逐渐没落，而原本依附于贵族的“士”便失去了原来的地位和职业，不得不流落到民间。所谓“士”，原本是对贵族里最低等级的一类人的统称，他们熟悉各种典籍，并精通“六艺”。随着“士”流落民间，原本只供贵族阅读的典籍及只用于教育贵族子弟的“六艺”便开始在民间流传开来。

私学在春秋时期兴起，如孔子就创办了较大规模的私学，弟子众多，这是“学在官府”向“百家之学”转变的转折点，促进了学术文化的下移和“士”阶层的兴起。此时的“士”，是指在春秋时期开始兴起、以知识为业的新阶层，他们逐渐成为所谓“士农工商”四民之首，已不同于原来的含义。

◆孔子燕居像

孔子反对根据地域、贫富和政治地位等外在因素来决定谁受教育，他提出“有教无类”（《卫灵公》）的教育理念。“有教无类”，按照梁朝皇侃的注解，是指“人乃有贵贱，同宜资教，不可以其种类庶鄙，而不教之也。教之则善，本无类也”（《论语义疏》卷八）。所谓贵贱、庶鄙，是指出身和地位，而“有教无类”思想正是否定这些因素对教育的决定作用。在孔子的教育实践中，他对求教者没有限制，不会因为他们的地位、贫富而区别对待，只要能以礼求教，他都会倾心相教。孔子曾说：“自行束脩以上，吾未尝无诲焉。”（《述而》）即只要能送我一束肉脯作为见面礼，我没有不教诲的。所谓一束肉脯，就是指十条干肉，这在当时一般是作为初次拜见的薄礼。

孔门中汇聚了不同地域、年龄、出身的弟子，这正是孔子“有教无类”思想的体现。

从地域上来看，颜回、宰予、冉求、冉耕（伯牛）、冉雍（仲弓）等弟子是鲁国人，公冶长、高柴等是齐国人，任不齐、公孙龙（子石）等是楚国人，端木赐（子贡）是卫国人，秦祖、壤驷赤为秦国人，叔仲会为晋国人，言偃（子游）是吴国人，颛孙师（子张）是陈国人。

从年龄上看，年长的秦商只比孔子小四岁，颜回之父颜路只比孔子小六岁；而年少的公孙龙则比孔子小了五十三

◆明 佚名《孔子圣迹图》之《退修诗书》

岁，叔仲会比孔子小了五十岁（一说小五十四岁）。

从职业和出身来看，孔子弟子中不乏商贾巨富和贵族子弟，但更多的则是出身贫贱的普通人。其中商贾巨富以子贡为代表，他出行都是车马相连，连国君也只能与他分庭抗礼。世家贵族子弟如司马耕，其家族在宋国是显赫贵族。而如颜回、曾参、闵子骞等弟子都出身贫寒，孔子曾说颜回："一箪食，一瓢饮，在陋巷，人不堪其忧，回也不改其乐。贤哉，回也！"（《雍也》）闵子骞曾为父亲驾车，因为身上衣服单薄而冻得手都抓不住马缰绳。

孔子收弟子不仅不以地域、年龄和出身为界限，而且也不计较弟子的过往，只要诚心向善向学，孔子都会倾心相教。如颜涿聚曾是梁父山的大盗，子路曾经冒犯过孔子，但后来都拜师孔子，在孔子的教化下成为贤者。

孔子也不因弟子的性格和资质而将之拒之门外，而是根据他们的特质进行有针对性的指导。孔子门下不仅有"闻一以知十"的颜回、"闻一以知二"的子贡（《公冶长》），同时也有一些资质并不太好的学生，如"柴也愚，参也鲁，师也辟，由也喭"（《先进》）。但是不管弟子是资质高，还是愚笨、迟钝、偏激、鲁莽，孔子都予以悉心指导，使他们有所成就。

孔子的"有教无类"思想在历史上产生了重大影响。正是这种思想和做法，打破了传统的世卿世禄制，教育得以向所有人开放。与春秋之前传统官学的教育不同，孔子特别强调人格的培养，使每个有志于学的人通过受教育来完善品行，成为文质彬彬的君子。朱熹在《白鹿洞书院揭示》中概括说："古昔圣贤所以教人为学之意，莫非使之讲明义理，以修其身，然后推以及人，非徒欲其务记览为词章，以钓声名、取利禄而已也。"在他看来，古代圣贤教人读书学习，无非是为了使人明白做人做事的道理，修身养性，然后推己及人，并不是为了记览词章，沽名钓誉，获取功名利禄。

"有教无类"的教育理念，也为中国传统的教育制度与文官制度奠定了理论基础。公平首先是机会的公平。"有教无类"的理念后来落实于科举制度中，促进了教育资源的比较公平的分配，较公平的受教育的机会，也为民众参与政治事务创造了条件，社会各阶层之间因此有了良性的流动，有效地避免了阶层固化。治权是向全社会开放的，即便是庶民，也可以凭借自身的努力，获取政治地位。用梁漱溟的话来说，中国是职业分途的社会，相较于西方，在中国传统社会中，并不存在截然对立的阶级，只有分工不同的职业；同时，传统中国是以伦理为本位的，社会制度、社会关系以及社会观念都是以此为基础而生发出来的。梁先生因此将中国社会的基本特征概括为伦理本位、职业分途，这样的特征使得它呈现出与西方社会不同的面貌。

中国古代的大部分官员，是经考试制度选拔，而非由世袭而来。历史上的许多寒门学子，通过接受教育，成为社会精英，在政治、经济、文化等各个领域取得了巨大的成就。如唐朝科举不分士庶，向全社会开放，吸收了不少出身低微的读书人进入政权。又如一代名臣范仲淹，他两岁时丧父，其母贫困无依，不得不改嫁，其窘境可想而知，但教育改变了他的命运，经过刻苦攻读，范仲淹考中进士，终成为宋代重要的政治家、文学家。在中国历史上，类似的例子不在少数，即所谓“朝为田舍郎，暮登天子堂”。

博雅教育

现在惯常所说的“博雅教育”（General Education，Liberal Education），是一个来自西方的概念，它发源于古希腊、罗马，在近代经过英国、美国等国的发展，成为现代教育的一种共识。现代大学教育是分科教育，这顺应了现代社会的需要，但也导致学术分科太过专门、知识被严重割裂等问题，为了改变这种局面，现代意义上的博雅教育便应运而生。博雅教育强调培养学生独立思考的能力，增加学生知识的广度与深度，使学生兼备人文素养与科学素养，从而培养出身心全面发展的人。

儒家的教育也以培养博雅君子为目标。孔子说“君子不器”（《为政》），君子并非只有一定用途的器皿，而应是博学多识的成德之士。君子要通过学问思辨、修身践行来完善人格、明达天道人性，做到通才达识，而不是局限于一技一艺。

子路曾经问孔子怎样才是一个完美的人，孔子说：“若臧武仲之知，公绰之不欲，卞庄子之勇，冉求之艺，文之以礼乐，亦可以为成人矣。”（《宪问》）在孔子看来，如果具有臧武仲的智慧，孟公绰的清心寡欲，卞庄子的勇敢，冉求的多才多艺，再用礼乐来增加文采，就可以算完美的人了。

传统儒家教育当然不完全等同于现代博雅教育，但二者的基本精神是契合的。正如钱穆说："中国教育特所注重，乃一种'全人教育'。所谓全人教育，乃指其人之内在全部生命言。贯彻此内在全部生命而为之中心作主宰者，乃其人之心情德性。"[1]君子是人格完备的人。

孔子是不是轻视我们现在一般所说的知识教育呢？《述而》中说："子以四教：文、行、忠、信。"意思是说孔子从四个方面来教育学生，这四个方面是：研读历代文献、从事社会实践、对人忠心、讲求诚信。这里既有书本知识的学习，也有道德实践活动。答案是显而易见的，孔子并不轻视知识。他施教的范围极为广泛，礼、乐、射、御、书、数之类均包含在内，不过，他强调求学者要将习得的知识转化为内在的德性，换句话说，他的目的并不是要培养某一方面的专家，而是要培养人格完善的君子。这其实涉及成人与成才的关系问题。

在传统社会，受教育者人数有限，教育本来就具有很强的精英色彩，那些幸运的能有机会受教育的人，其中有很多

1 钱穆：《中国教育制度与教育思想》，《国史新论》，北京：九州出版社，2012，第261页。

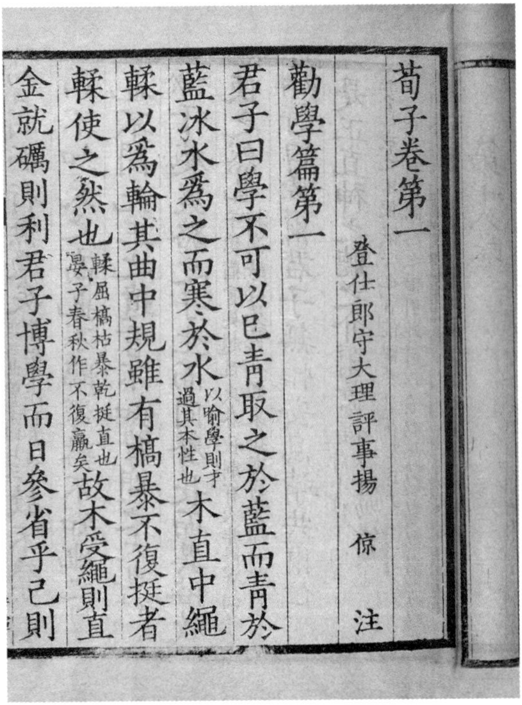

荀子卷第一

登仕郎守大理評事楊　倞　注

勸學篇第一

君子曰學不可以已青取之於藍而青於藍冰水爲之而寒於水以喻學則才過其本性也木直中繩輮以爲輪其曲中規雖有槁暴不復挺者輮使之然也輮屈槁枯暴乾挺直也晏子春秋作不復羸矣故木受繩則直金就礪則利君子博學而日參省乎己則

◆《荀子》书影

人的确也成了社会精英。在现代社会，教育普及化的程度已非常高，而且社会分工愈来愈细，单方面的成人或者成才教育都显得不够。成为某种人之前，我们先要成为人。这里的“先”是逻辑上的先，而不是时间上的先。但这并不意味着我们只能成为人，而不成为某种人。可以这样说，二者不可偏废，只是本末、主从的位置不能颠倒。成人教育为主，是本；成才教育为辅，是末。孔子对成人教育的重视是发人深省的，即便是在现代社会，也绝非迂阔之谈。

荀子说过一段关于君子的很经典的话，他说：“君子，知夫不全、不粹之不足以为美也。故诵数以贯之，思索以通之，为其人以处之，除其害者以持养之。使目非是无欲见也，使耳非是无欲闻也，使口非是无欲言也，使心非是无欲虑也。及至其致好之也，目好之五色，耳好之五声，口好之五味，心利之有天下。是故权利不能倾也，群众不能移也，天下不能荡也。生乎由是，死乎由是，夫是之谓德操。德操然后能定，能定然后能应。能定能应，夫是之谓成人。”（《荀子・劝学》）君子知道学习不全面不纯粹不能算是完美，因此反复诵读以求融会贯通，思考探索以求领会通晓，效法良师益友来实践它，排除那些有害的东西来培养保护它。达到好学之极的境地时，就能够权势利禄不能使他倾倒，人多势众不能使他改变，天下之大不能使他动摇。活着是这样，到死也是这样。这就叫作有道德操守。有道德操守，然后才能内心坚定；内心坚定，然后才能应物自如。能内心坚定，又能应物自如，这样称得上是完美的人。在荀子看来，只有掌握全面的学识，才能发展出全面、自由的人格，这与孔子的思想是一脉相承的。

在20世纪，马一浮提出，教育的目的是养成通儒，而不是专门性人才。如果说，养成通儒是成人的教育，那么，培养专门性人才则是成为某种人（成才）的教育。教育目的的不同，也会导致教育内容、教育方法上的差异。如在教育内容上，马一浮强调德性之知，很少涉及见闻之知。其实，德性之知、见闻之知只有本末、主从的关系问题，没有孰有孰无的问题。在现代社会，我们也不可能将所有受教育者都只是培养成通儒。我们理解马一浮先生提出这个主张的初衷，其用意无非是要说：在成为某种人之前，我们先要成为人。说现代教育忽略了"人"的培养，绝非危言耸听之谈。

重视教育是中华文明的一项重要的特质，有教无类、为己之学等教育理念影响了中国几千年，一直延续至今。中国历史上的那些具体的教育制度，虽然难免带有时代的局限性，但是其中所蕴含的精神，依然值得我们今天去发掘、整理和借鉴。

文化关键词

教化

指教育和感化。是中国古代重要的政治理念和治国方法。当政者一般通过行政命令、道德教育、环境影响、通俗读物传播、科举考试等诸种有形和无形的手段的综合运用，将主流价值观潜移默化地向民众普及，使之深入民众的日常活动之中，从而实现政治与风俗的合二为一。

有教无类

一种解释是：任何人都可以或必须接受教化；而人接受了教化，也就没有了因贵贱、贫富等而产生的差异。另一种解释是：在教学时对学生一视同仁，不会按地位、贫富等将学生分成差等。“教”指礼乐教化，即“人文”；“类”即种类，指贵贱、贫富、智愚、善恶、地域、种族等差别、区分。“有教无类”所昭示的是一种超越等级、地域、种族等差别的普及教育思想，更是一种主张平等待人、反对种种歧视的“人文”精神。

君子不器

君子不能像某种器物一样，只限于特定的形态和功能。出自《论语·为政》。孔子原话有两层含义：其一，每种器物都有自己特定的形态和功用，但君子的目标不囿于具体的器物形态或仅限于某一方面的功用，而是通达其基本原理，尽可能成为通才；其二，君子不满足于制作器物这样的一技之长，而是致力于事物基本规律的探究也即超越有形的器物而去把握无形的“道”。后世学者主要发挥后一含义。“君子不器”在当今仍有普适意义，即君子不应拘于本职事务的处理，而应有全局观念，致力于对基本原则和普遍规律的体认与遵循。

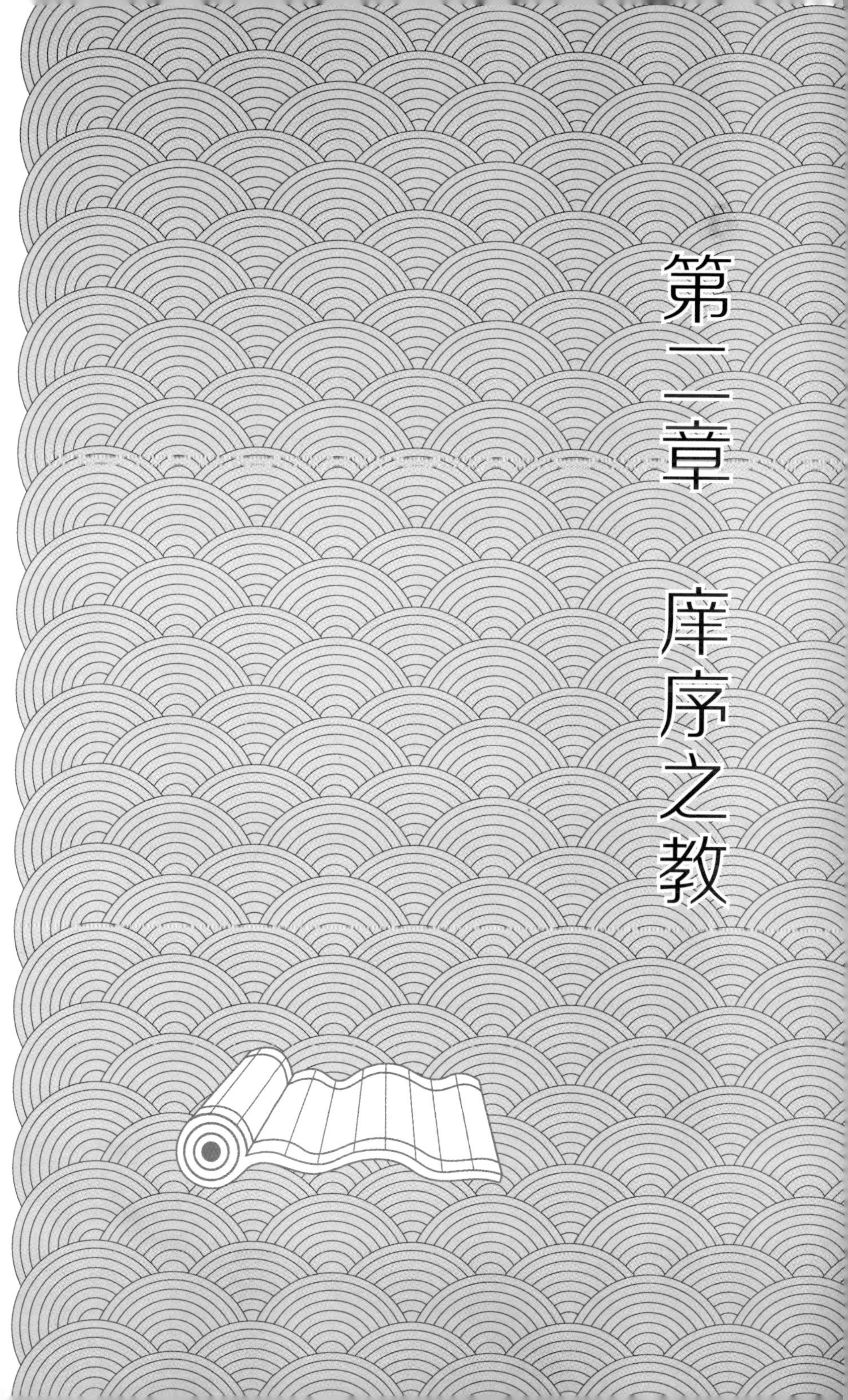

第一章　庠序之教

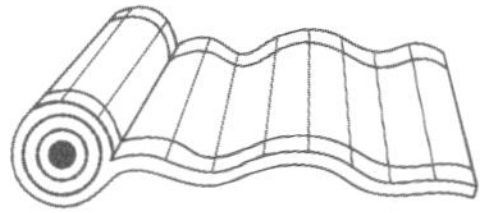

中国是一个重视教育的国家，在历史上逐渐形成了健全的教育机构和完备的人才选拔制度。在当代中国，教育机构包括幼儿园，小学、中学以及大学、研究所等各种级别的学校；人才选拔制度也有中考、高考、公务员考试等层级不同、类别各异的考试制度。不过，这在很大程度上是对西方现代教育模式的借鉴，与我国古代的教育模式有着很大的不同。

不论是教育机构，还是人才选拔制度，中国古代都有其独特的模式，其利弊并不能“一言以蔽之”，需要具体分析。就教育机构而言，最开始的“成均”“米廪”“庠”“序”“校”，逐步发展成国子监、宗学、府学、州学、县学和书院等，教育内容也有所变化。人才选拔制度则从最初的世袭制、察举制发展成比较成熟的科举制。教育和人才选拔制度的发展演变，对我国古代社会的发展和文明的演进产生了重大影响。

中国古代教育与科举制度，经历了漫长的发展历程，在近现代又实现了向近现代学校与考试制度的转变，是教育史、人才选拔制度史研究的重要领域。本章根据郭齐家著《中国古代学校》（北京：商务印书馆，1998）及其他相关论著，仅就学校的产生、教学的内容、官学的演变、科举制的利弊及近代学校等五个方面做简明扼要的叙述。

学校的萌芽

学校教育是人类社会发展到一定历史阶段的产物。其产生并非一朝一夕的事情，而是经过了漫长的孕育、萌芽、成长的过程。中国古代学校萌芽于原始社会末期，那时生产力有了发展，人们在维持自身和家庭成员的生活之外，逐渐有了劳动产品的剩余，使得少数人可以在别人的劳动产品供养之下从事脑力劳动。这就为学校的萌芽提供了条件。

古籍记载："成均，五帝之学。"(《周礼注疏·大司乐》)"五帝"即黄帝、颛顼、帝喾、尧、舜。"成均"可能就是"五帝"时期萌芽中的学校名称。又如："米廪，有虞氏(舜)之庠也。"(《礼记·明堂位》)"庠"是舜时学校的名称。庠的原意是"养"，即把有道德、有经验、有知识的老人养在"庠"，专门从事教育年轻一代的工作。"庠"既然是供养老人的地方，便需要储存一些粮食，所以后来又称"庠"为"米廪"。这里被供养的老人很可能就是为氏族显贵服务的巫、史。"成均"和"庠"可能就是萌芽中的学校，它们在最初虽然起着教育年轻一代的作用，但还不是专门的教育机构，而是逐渐形成学校的过渡机构，为以后专门的教育机构的产生奠定了基础。

夏朝是中国历史上第一个朝代，约在公元前21世纪到公元前16世纪。为了培养自己的子弟，夏代贵族便建立了教育机构。关于夏代教育机构的名称，古籍中有“校”“序”等不同的说法。如据《孟子·滕文公上》《说文解字》《汉书·儒林传》等古籍记载，“夏曰校”，而《礼记·王制》和《礼记·明堂位》又将夏代教育机构叫作“序”。它们是尚未完全发展成为学校形式的非专门的教育机构。

一般来说，原始社会末期都要经历一个军事部落联盟的时期，而夏代应该就在这个历史阶段之后，因此很注重军事训练。“序”原为练习射箭的场地，只有东西墙，没有房屋，这显然是军事训练的需要。习射的同时也要习礼。《孟子·滕文公上》说：“序者，射也。”这种解释应该比较符合当时的情况。“校”原为“木栅栏”，是养马的地方，后演变为操演或角力比武的场所，这也是为了军事训练的需要而产生的。夏代的“校”“序”，虽不能说是真正传授文化知识的机构，但也应是一种进行伦理教育和军事学习、训练的场所。

商代又称殷商。商代时已有学校教育制度，并为考古出土的文物所证实。《孟子·滕文公上》云：“殷曰序。”《说文解字》及《汉书·儒林传》中说："殷曰庠。"《礼记·王制》说：殷有"右学"和"左学"。《礼记·明堂位》又说殷学叫"瞽宗"。这说明商代可能已经有了"序""庠""学"和"瞽宗"四种学校了。

"庠"和"序"从前代继承发展而成，其教学内容得到了扩充。那时国家的大事有两种：一是祀（祭祀天地祖先），二是戎（军事征伐）。祭祀活动中的礼乐和军事活动中的军事技术就成为当时教学的主要内容。"庠"本是养老的地方，到了商代仍有养老的作用，同时也是对年轻一代进行道德伦理教育的场所，教他们孝顺父母、尊敬兄长等等。但同时"庠"也是习射的地方，在出土的甲骨文中就有关于在"庠"教练射箭的记载，可见"庠"的教育作用到了商代扩大了。在"序"中不仅要习射，还要学习武舞和"射礼"。"序"会教育贵族子弟懂得射箭的礼仪、礼节，并进而明确君臣上下长幼的规矩。

概言之，商代贵族很重视学校教育，设立了贵族学校——序、庠、学、瞽宗。教师由国家职官担任。教育的内容包括宗教、伦理、军事和一般文化知识。这就是中国官学的雏形。

西周继承了夏、商时的学校教育制度，建立了官学体系，形成了文武兼备的"六艺"教育。西周官学可分为国学和乡学。国学设在周天子所在的王城和各诸侯国的国都，分小学与大学两级。小学设在宫廷附近，大学在都城的郊区。乡学又分为“庠”“序”“校”“塾”等。

西周末年，官学日趋衰废，在昔日庄严神圣的辟雍、泮宫，学生们也无心读书，而是游荡嬉戏。到了春秋时期，周天子逐渐失去了“共主”的地位，同时士阶层兴起，贵族官学更趋没落，代之而起的是私人自由讲学，由此展开了中国古代学校教育的新局面。

春秋时期政局动荡，“礼崩乐坏”，原本属于周王室的一些文化官吏流落到各地。例如掌管周史的司马氏流落到晋国，之后又分散到卫、赵、秦诸国。还有一些文化官吏和百工，带着原来藏于宫廷的典籍、礼器、乐器等流落至各处。这就出现了学术、文化下移的趋势。

养士之风逐渐盛行，进一步促进了私学的发展。士既然成为一种新的阶层，不少人将此作为晋升的捷径，希望有朝一日能“学而优则仕”，以出色的才能被提拔做官。在这样的条件下，私学出现并得到较快的发展。如郑国的邓析办私学，讲的是自著的《竹刑》，专门教人打官司（“学讼”）。少正卯和孔子都在鲁国办私学，传说少正卯的私学名声也很大，曾一度把孔子的学生吸引过去，出现过私学竞争的局面。春秋末期私学日益兴盛，发展到战国时期，儒、墨两家的私学都弟子众多，儒、墨两家也成为当时的“显学”。同时其他各家各派的私学也得到发展。春秋战国时期百家争鸣的局面就是在这种氛围中产生的。

战国时代，七国争战不休，有识之士著书立说、讲学论战，客观上形成了学术上的繁荣局面。在东方的齐国出现了稷下学宫。稷下学宫集中了当时各家各派的学者，互相争辩，共同研讨，著书立说。一时间百家争鸣、百花齐放，蔚为大观。学宫位于齐国都城临淄的稷门附近，因此被称为“稷下学宫”。它创建于田齐桓公在位时期，并在齐宣王时期达到鼎盛。一直到秦灭六国，稷下学宫才走向消亡。

稷下学宫在鼎盛时期，几乎容纳了当时诸子百家中的所有学派，有儒、道、墨、法、名、兵、农、阴阳、纵横等诸家，汇集了天下贤士多达千人左右。其中著名的学者有孟子、淳于髡、邹衍、田骈、慎到、接子、季真、环渊、彭蒙、鲁仲连、荀子等。尤其是荀子，他曾三次担任学宫的“祭酒”。凡到稷下学宫的学者，无论其学术派别、思想观点、政治倾向，以及国别、年龄、资历如何，都可以自由地发表见解，这使稷下学宫成为当时各学派思想荟萃之地。学者们互相争辩、诘难、借鉴，成为战国时代“百家争鸣”的典型。同时，齐王对学宫的学者很优待，将其中有代表性的人物封为“上大夫”，给予爵禄，允许他们“不治而议论”“不任职而论国事”。因此，稷下学宫具有学术和政治的双重性质，它既是一个官办的学术机构，又是一个政治策士团体。

六艺

“六艺”有两种不同的含义。其一，指《诗》《书》《礼》《乐》《易》《春秋》这六部经典，又称“六经”。历代儒者通过对“六经”文本的不断解释，为这些经典赋予了丰富的意义。“六艺”之学体现着古人对于世界秩序与价值的根本理解。其二，指礼、乐、射、御、书、数这六种技能，是古代学校教育的基本内容。

西周国学注重对学生德、行、艺、仪等方面的培养，并以礼、乐、射、御、书、数等“六艺”为基本教学内容。在大学以诗、书、礼、乐为重点，在小学以书、数为重点。而射、御的学习，除了传授和培养有关的知识、技能外，还着重与礼乐之教相配合。

“礼”是政治伦理课。“礼”包括了整个宗法制度、道德规范和仪节。“礼”既是修身之要，也是用世之具。“乐”是综合艺术课。西周大学教育中强调“礼”与“乐”的密切配合。《礼记·文王世子》说：“凡三王教世子，必以礼乐。乐，所以修内也；礼，所以修外也。礼乐交错于中，发形于外，是故其成也怿，恭敬而温文。”礼的作用在于约束人的外部行为，具有一定的强制性；而乐则重在陶冶人的内心情感，使本来具有一定强制性的礼变为能获得自我满足的内在精神需要。

《礼记·乐记》说："乐者，通伦理者也。"乐通过艺术教育来实现伦理道德的教化。《乐记》又说："乐者为同，礼者为异。同则相亲，异则相敬。"乐教的重要目的在于增进贵族内部的团结，进而调和各阶层的矛盾。这种礼乐教育在西周社会处于向上发展的时期，确实对于改变社会习俗、稳定社会秩序、加强各诸侯国与王室之间的联系起了积极作用。所以有这样的说法："移风易俗，莫善于乐；安上治民，莫善于礼。"(《孝经·广要道》)礼乐教育成为西周"六艺"教育的中心。

"射"与"御"是军事训练课。"射"是指射箭，"御"是指驾车。当时的战车是重兵器，一般来说每辆战车有甲士三人，左持弓，右持矛，中驾车，每辆车有一定数量的步卒跟着。武王伐殷，革车三百辆，虎贲三千人，由于做了政治宣传工作，很快取得了灭殷的决定性胜利。可见战车在当时战争中地位之重要。但是要掌握战车的战术必须学好"射""御"这两种武艺。

"书"与"数"是基础文化课。"书"是指书写文字。"数"是指计算、算法。西周书写的工具是刀笔、竹木，字体为大篆。西周已有供小学文字教学的字书(课本)。据《汉书·艺文志》载:“《史籀》十五篇。”注曰:“周宣王太史作大篆十五篇。”又说:“《史籀篇》者,周时史官教学童书也。”这是中国古代教育史上记载最早的儿童识字课本,今已失传。

西周小学教育从算术、识字、书写开始。《礼记·内则》提到:“六年,教之数与方名。……九年,教之数日。十年,出就外傅,居宿于外,学书计。”儿童六岁开始学识数目和方向名称。九岁时学习朔望和六十甲子记日,到了十岁,要跟随老师学习识字、书写和算术。

西周时期形成的这套以礼乐为中心的“六艺”教育,体现了文武兼备、诸育兼顾的特点,反映了中华文明发展早期的辉煌。

孔子的私学继承了西周“六艺”教育的传统,教育学生广泛地学习“六艺”的知识技能。但由于孔子的培养目标是“君子”,对“君子”在德才两方面都有严格的要求,所以教育内容比西周的“六艺”更为广泛而深刻。在他的教学生涯中,他把可搜集到的历史文化资料,加以精心整理,编著成教学用书,被后世奉为儒家经典。历代相传的“六经”,基本上是经过孔子和他的学生不断整理、补充而流传下来的。

《诗》《书》《礼》《乐》《易》《春秋》等“六经”,是先秦非常重要的文化典籍，对中国古代有着深刻的影响。孔子说："温柔敦厚，《诗》教也；疏通知远，《书》教也；广博易良，《乐》教也；洁静精微，《易》教也；恭俭庄敬，《礼》教也；属辞比事，《春秋》教也。"（《礼记·经解》）中国是礼仪之邦，中国人守规矩、讲礼节，谦逊辞让、庄重严肃，这受到了《礼》经的影响；中国人是乐观主义、浪漫主义的，温柔敦厚，宽广博大，平易良善，这受到了《诗》与《乐》经的影响；中国人的性格是多方面、多层次的，开明通达，尊重历史，明辨是非，追求哲理，这受到了《书》《易》《春秋》的影响。

在现代社会为什么还要学习古代经典呢？或许有人会认为，虽然古代经典很重要，但它们毕竟产生于古老的年代，距离我们已经很遥远，因此没有必要再去学习。要回应这个质疑，我们得弄清楚经典何以成为经典。

经典是文化传统中具有典范性的作品，体现着文化中的基本价值理念和意义。经典教育的作用在于，人们通过生命经验与经典进行对话，从而思索人生的价值与意义。我们现在谈教育，如何能少得了经典？经典教育与知识教育的性质和内容是不同的，不能混为一谈。当然，在现代社会，经典并非只是中国古代经典，也包括现当代经典和其他文明的经典作品。提倡经典教育并不是要将经典神圣化，不加批判地接纳它的所有内容。中国古代经典产生于古代社会，难免带有历史的局限性，我们应当辩证地去看待，淘汰掉其中不合理的、落后的内容，吸取合理的、积极向上的、优秀的内容，使传统经典中的优秀思想能够在现代彰显其价值，并得到创新发展。

◆汉画像砖 传经讲学

官学的演变

公元前221年，秦王嬴政灭掉六国，建立了秦朝。为了适应大一统国家的政治需要，秦代在文化教育方面采取了许多重大的措施：整理和统一文字，普设官学——学室，设置博士官，颁“禁私学”令。

汉承秦制，但在教育上逐渐转而采用儒家的主张，重新肯定教育在培养人才和教化百姓两方面的作用，把学校教育当作巩固统一的中央集权制度的重要工具。

国家的统一，经济的发展，教学手段的更新——帛、纸作为书写材料的使用、发明，这是汉代学校教育发展的三个基本的社会物质条件。在这三个基本条件的基础上，在汉武帝刘彻实行的“独尊儒术”的政策指导下，汉代的官学和私学都得到空前的发展，学校教育制度已初具规模，逐步形成了儒学独尊的学校教育系统，为以后整个中国古代的教育制度奠定了基础。

魏晋南北朝时期是中国历史上一段比较长的分裂和动乱时期。政局动荡，战乱频仍，影响了学校的正常秩序。这个时期学校废置无常，特别是官学在数量上大大减少 ，呈现出时兴时废的状态，因此虽然这个时期文化仍在发展，并出现了一些新型学校，但官学教育总体来说有所衰落。

隋代同秦代一样，虽然结束分裂实现了统一，却又由于统治者的暴政是一个短命的王朝。但它所创立的教育制度却对以后的朝代有着重要影响。

隋初统治者为革新政治，扭转风俗，特别重视人才的培养，因此很注意学校的建设和发展，从中央到地方都设有官学。在中央设立国子寺，置祭酒，专门管理全国的学校教育工作。这是我国历史上设立专门教育行政部门和设置专门教育长官的开始。大业三年（607）将国子寺改称国子监。此外，隋代地方学校也有发展，特别是黄河中下游一带的州县，学校教育发展较快，讲诵之声不绝，初步呈现了繁荣的局面，但边远州县则仍处于落后状态。

唐代继承了隋代的学校教育制度，在政治统一、经济繁荣、文化发展的基础上，经过百余年的经营与发展，学校教育制度已相当完备，在我国和世界的学校教育发展史上都占有重要的地位。

唐代自开国到天宝末的130多年间，国力最强盛，教育也最为发达，形成了相当完备的学校教育制度。由中央直接设立的学校有“六学”和“二馆”。“六学”包括国子学、太学、四门学、书学、算学、律学，直属于国子监，国子监长官为国子祭酒。“二馆”是弘文馆和崇文馆，弘文馆归门下省直辖，崇文馆归东宫直辖。

到了宋代，学校设立更为普遍，学校种类增多，学校教育制度继续向前发展。宋代中央设立的学校除有国子学、太学、四门学、广文馆外，还有律学、武学、医学、算学、书学、画学等专门学校。地方官学有州学、县学等。宋代除了在中央设国子监管理中央官学，在地方上也设置了专门的行政机构——提举学事司来管理地方官学。由于宋代对地方教育的重视，地方学校教育也得到较大发展。

元代的中央官学有国子学、蒙古国子学和回回国子学，并在司天台和太史院附设学校，培养天文历数方面的人才。在地方上按行政区划设路学、府学、州学、县学等，并开设诸路医学、诸路阴阳学，分别直属太医院、司天台，培养医学、天文方面的人才。

明代的官学也分为中央官学和地方官学两大类。中央官学主要有国子监、宗学、武学等。明代国子监有南北之分。南京国子监规模恢宏，环境优美，除正堂和支堂作为主要教学活动的场所外，还有书楼、射圃、馔堂（餐厅）、号房（学生宿舍）、光哲堂（外国留学生宿舍）、养病房、仓库、文庙等建筑。永乐元年（1403）明成祖增设北京国子监，从此便有南监、北监之分，不过北监规模不及南监。地方官学

◆北京国子监

有府学、州学、县学等，并继承和发展了元代开始设立的社学，这是一种基层官学，设在乡镇地区，招收平民家庭儿童入学。

清代从顺治元年（1644）到道光二十年（1840）近200年间，其学校教育大致沿袭明代旧制，亦分为中央官学和地方官学两大类。同明代一样，清代学校也有严格的规章和考核制度，对学生从品行、学业、生活等多方面进行规定和考核。

四

科举制

科举制是一种通过考试来选拔官吏的制度，源自中国，并传播至汉字文化圈其他国家。它是古代中国的一项重要政治制度，对中国社会和文化产生了巨大影响。

科举制度开始于隋代。隋代之前，中国的官吏选用制度经历了不同的发展阶段。春秋以前，官吏主要通过世卿世禄制产生。西周时，周王将诸侯分封天下。《周礼》之下，社会阶级分明。国家的管理由周王、诸侯、卿、士分级负责。而各阶层依照血缘世袭。到了东周，原有的世袭制度开始崩溃，于是出现“客卿”“食客”等世袭制度以外的人才，为各国统治阶层服务。汉朝时分封制度逐渐被废，中央集权得以加强。当时采用的是察举制和征辟制。察举制是由各级地方向朝廷推荐德才兼备的人才，征辟制是官府直接聘请有名望的人来做官。这些制度对人才选拔都起到了重要作用，但由于缺乏客观的评选准则，人为因素对选才有决定性影响，因此虽有赏罚制度，但越到后期越出现较多官员徇私、所荐者不实的现象。

至三国魏文帝时，开始采用九品中正制，由中央派特定官员按出身、品德等标准考核人才，分为九等，按等录用。两晋、南北朝时沿用此制。九品中正制是察举制的改良，它将察举权由地方官负责改由中央任命的官员负责，但是这制度仍然是官员的人为因素起决定作用。魏晋南北朝时，士族势力强大，经常影响中正官考核人才，有许多中正官直接就由他们担任，后来甚至所凭准则仅限于门第出身，于是造成“上品无寒门、下品无士族”的现象。这不但堵塞了选拔民间人才的通道，还让士族得以把持朝廷人事权力，左右朝廷政局。

到了隋代，为了革新人才选拔制度，隋文帝于开皇七年（587）命各州“岁贡三人”，应考“秀才”，隋炀帝时开设进士科取士，这是科举制的开始。唐朝继承并发展了这一制度，唐朝的科举分为常科与制科两类。常科是每年举行的考试，设立的科目有秀才、明经、进士、明法、明字、明算、史科等，其中以考明经、进士两科的人数最多，又以进士科的考试最受尊崇。制科是皇帝临时设立的科目，也叫“特科”。武则天主政时，首创了由皇帝亲自主持的殿试和取武将的武科举。

但唐代的科举仍然留有一定的察举制影子。例如，士子在应试前，将自己的诗文写于卷轴内，呈送社会名流，希望名流能向主考官推荐，这种做法叫作“行卷”。除了武则天

◆南京江南贡院

主政的一段时间外，唐代的科举没有采用糊名（弥封）的做法。考官在评卷时，考生的名声往往是考虑因素之一。这样做的原意跟察举一样，是希望可以兼顾人才在试场外的表现。但这也无可避免地造成了不公平，容易出现士子与考官之间的利益瓜葛。到了唐末吏治败坏时，其弊病更甚。

宋代进一步改良了唐代的科举制度，确立了一套相当完整的体制。宋代殿试成为定制，并对考生试卷进行糊名、誊录，以增强考试的公正性。从宋代开始，寒门子弟在科举中考中的机会大为增加。寒门子弟机会的增加，不但拓宽了政府选拔人才的基础，也让处于社会中下阶层的知识分子，有机会通过科考向社会上层流动。这种政策对维持社会稳定、促进社会发展起到了相当大的作用。明清两朝的进士之中，接近一半是祖上没有读书、或有读书但未做官的普通家庭出身。

科举制具有促进社会发展、增进教育公平的重要意义。它在制度上为莘莘学子提供了上升的通道，打破了门阀制度的出身限制，读书人不论出身、贫富都有资格参加，使他们有机会通过自己的努力进入管理阶层，有参与治国和施展才能、抱负的机会，这样国家也可以选拔出更多优秀人才，促进社会治理和文化等各方面发展。

在实行的约1300年间，科举制为中国历朝发掘、培养了大量人才。其中涌现出像韩愈、范仲淹、王安石、苏轼、朱熹、文天祥、王阳明、明末东林党人、林则徐等等大批在政治、思想、文学、军事等领域卓有建树的优秀知识分子。他们受儒家传统教育影响，坚守心中道义，具有"浩然之气"，为国为民发出各种声音，不畏权贵威权，批判社会不平，关心民瘼，气节卓然，体现了传统知识分子的风骨和对道义的坚守。

但在后期，科举制在实行过程中越来越僵化，也成为统治者笼络、控制读书人，巩固其专制统治的一种方法。明清时代，科举考试内容以八股文为主，束缚思想，湮没灵性和才思，不能发挥人的真正才智，大量读书人投身于没有现实价值的八股制艺中，造成人才的极大浪费，这成为导致中国明清时代在制度上僵化、科技上落后的重要原因。

近代学校

1840年鸦片战争爆发，西方列强用坚船利炮打开了中国的大门。面对内忧外患的局面，一些有识之士开始寻求自强革新之道。19世纪60年代，清朝统治阶层内部形成了洋务派，他们以“自强”和“求富”为口号，推行“洋务运动”，引进西方先进技术，兴办近代化企业，以求富国强兵、挽救清朝统治。其代表人物有奕䜣、曾国藩、李鸿章、左宗棠、张之洞等。洋务教育是“洋务运动”的一个重要方面，是为“洋务运动”服务的。

当时兴办的新式学校主要有三种类型：一是外国语学堂，如京师同文馆（1862年成立）、上海广方言馆（1863）、广州同文馆（1864）、武昌自强学堂（1893）等；二是军事学堂，如天津水师学堂（1881）、天津武备学堂（1885）、广东水陆师学堂（1887）、江南陆师学堂（1896）等；三是技术学堂，如上海江南制造局附设的机器学堂（1865）、福建船政学堂（1866）、上海电报学堂（1882）等。这些学堂没有统一的学制，尚未形成完整的教育体系，教学内容虽然也包括“四书五经”等“旧学”，但主要是“西文”“西艺”。

此外，洋务派还兴办留学教育，派遣学生赴西方学习军事技术和自然科学。1872年由容闳带领青少年赴美，这是清末派遣到外国去的第一批官费留学生。洋务教育以学习短期急需的技术为主，缺乏全局的安排和长远的计划，也不可能对传统制度进行变革。但它毕竟在中国开设了近代第一批外语、军事和科技学校，翻译了第一批科技书籍，培养了第一批科技人才，派遣了早期的留学生，使中国的教育开始踏上了近代化的道路。

1898年，维新派发起变法图强的维新运动，主要代表人物是康有为、梁启超、谭嗣同、严复等。他们受西方近代思想的影响，是当时中国向西方寻求救国道路的一派人物。为了传播维新思想、培养维新变法人才，他们向清末光绪皇帝上书，组织学会，兴办学校，设立报馆，著书立说，并翻译西方近代文化教育著作。这些举措遭到了顽固势力的激烈反抗。顽固派坚持八股取士的科举制度，维护中学，反对西学。洋务派则主张“中学为体，西学为用”。维新派提出废八股，兴学校，建立近代教育制度，学习西方国家的自然科学、工程技术和社会政治学说。

在“百日维新”期间，维新派通过光绪皇帝颁布了大批维新变法的诏令，其中包括：废除八股取士，改革科举制度，设“经济特科”，选拔新政人才；在北京建立京师大学堂

（北京大学的前身）；筹办高、中、小等各级学堂，全国各地的大小书院一律改为兼习中学和西学的学堂；筹备设立铁路、矿务、农务、茶务、蚕桑、医学等专门学堂；派学生出国留学；建立新的译书局；等等。维新派所进行的学校教育制度和教育内容的改革，具有近代色彩，适应了当时中国发展的需要，具有进步意义。

虽然后来维新变法以失败告终，除京师大学堂还保留外，全部新法均被废除。但维新派就旧学与新学、中学与西学、科举与学校等问题与顽固派的争论，催生了大量的进步思想，如雨后春笋一般，冲破了专制主义的壁垒，这使得中国的民众，特别是读书人的头脑清醒起来，重新认识世界，其影响是十分深远的。

清王朝为了维护摇摇欲坠的专制统治，不得不做出让步，被迫对当时的学校和科举制度采取了一些改良措施。1902年公布了由管学大臣张百熙拟订的一系列“学堂章程”，即《钦定学堂章程》（亦称“壬寅学制”），但这个学制未及实行。1903年清王朝又命张百熙、荣庆、张之洞等以日本学制为蓝本，重新拟订学堂章程，于1904年1月公布，即《奏定学堂章程》，亦称“癸卯学制”，这是中国近代第一个以法令形式公布并在全国推行过的系统学制。

“癸卯学制”从纵的方面看分三段六级，共25—26年：

小学教育9年，中学教育5年，高等教育11—12年。从横的方面看，除直系各学堂外，另有师范学堂和实业学堂。师范学堂又分为初级师范与优级师范两个层次。实业学堂则分为初等实业学堂、中等实业学堂、高等实业学堂三个层次。此外还设有实业补习普通学堂、艺徒学堂、译学馆等。1904年“癸卯学制”开始实行，1905年科举制度废除。“癸卯学制”施行到辛亥革命为止。

虽然“癸卯学制”仍以“中学为体，西学为用”为指导思想，在课程设置上依然注重读经，并排除了女子教育，学制年限也较长，但是它的颁布与实行，标志着旧制学校教育在形式上的结束，近代化的学校教育制度开始形成和确立。

“癸卯学制”规定了各类学堂在学校体系中的地位和功能，将分散在全国各地的学堂纳入统一的教育系统之内，并以法令的形式规定了教育的年限，且引进西方近代科技知识，不仅增加了学校的数量，也提高了教育的质量，由此奠定了中国教育近代化的基础，具有教育革新的重要意义。

“癸卯学制”的颁布实行，宣告了中国传统官学、私学和书院等古代教育制度的终结，标志着近代学校教育制度的确立，中国的学校教育由此进入新的时代。

文化关键词

六艺

“六艺”有两种不同的含义：其一，指《诗》《书》《礼》《乐》《易》《春秋》六部经典。历代儒者通过对“六经”文本的不断解释，为这些经典赋予了丰富的意义。“六艺”之学体现着古人对于世界秩序与价值的根本理解。其二，指礼、乐、射、御、书、数六种技能，是古代学校教育的基本内容。

师法之化

教师和法度的教化。“师法之化”是由荀子提出的。荀子认为，人天生具有对外物的欲求，这是人的本性。如果放纵人的这种本性，就会导致人与人之间的纷争，社会将陷入混乱。因此，需要通过后天的教化，在恰当安顿人的欲望的同时，确立起对道德、礼法的认同与遵守。而教化的基本方式就是通过教师的传授和法度的规范，实现对人的欲望与言行的引导。

十年树木，百年树人

比喻栽培树木使之成材需要很长时间，培育人才则需要更长时间。其中的道理有两层：第一，培养和选拔人才关乎国家、社会的长远发展；第二，人才的培养和成长应立足于长远发展，要有战略眼光和整体规划，需做持久的努力。

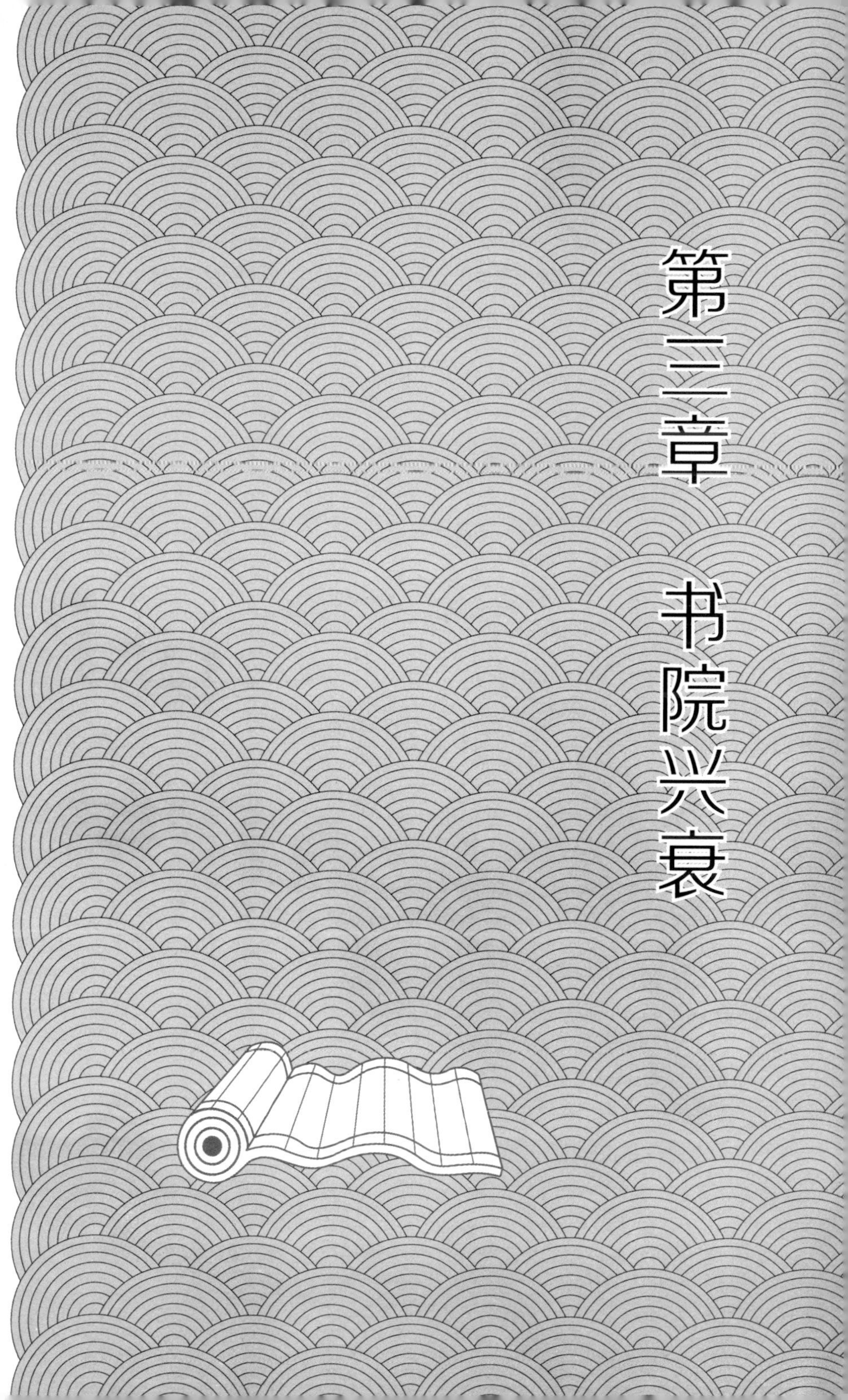

第二章　书院兴衰

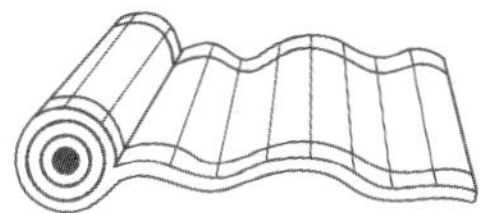

书院是我国古代的一种教育机构，它是古时地方上设立的供人读书或讲学的场所，其历史最早可以追溯到唐代，中间几经沉浮，最后在清光绪末年逐渐完成了向新式学堂的全面转化。虽然传统书院的办学形式已不再存在，但其办学精神仍然在现代学校中得到继承和发扬。

说到书院，大家会自然地想起无锡东林书院的名联：风声雨声读书声，声声入耳；家事国事天下事，事事关心。明代末年，顾宪成等人重新修复东林书院，并在此聚众讲学，提倡读书、讲学、爱国的精神。顾宪成撰写的这副对联，便是这一精神的集中体现。东林书院成为当时江南地区人文荟萃之地与讽议朝政的舆论中心。此联可以说表达了中国读书人的共同心声，后被广为传诵，激励了无数的知识分子。

除了东林书院，为人们所熟知的古代书院还有岳麓书院、白鹿洞书院、应天书院等，有些书院的建筑规模和样貌至今仍保存完好，让我们可以想象当年书院兴盛时期的恢宏景象。近年来，社会上又兴起了一股新的“国学热”，民间的各种学习组织如雨后春笋般涌现，其中就包括各种书院的创建。就教育功能而言，现代书院已无法与古代书院相提并论，但它在传统文化的发展和传播方面仍充满活力，提供了另一种可能性。

书院及书院史研究的成果颇多，如王炳照著有《中国古代书院》（北京：商务印书馆，1998），邓洪波著有《中国书院史（增订版）》（武汉：武汉大学出版社，2012），李弘祺著有《学以为己：传统中国的教育》（上海：华东师范大学出版社，2017），本章仅对中国书院发展做简要介绍。

书院历史

书院起源于唐代。唐代出现了以“书院”为名的私人或官方机构，前者如瀛洲书院、九峰书院等，后者如著名的丽正书院、集贤书院。私人的“书院”，实际上是读书人的治学读书场所，其社会往来也仅限于师友之间，不对普通大众和其他士人开放，其性质更类似于“书斋”。官方的“书院”则是负责搜集天下书籍，履行修书、校书、顾问应对等职能的官方职能机构，与后世意义上的“书院”也有所不同。

到了五代年间，政权更替频繁，社会动荡不安，儒家文化也遭受了巨大的打击。一些富有社会责任感的士人，以书院为基地，承担起了赓续文化的责任。在这一时期，民间书院在混乱的社会环境中持续发展，并且展现出了后世书院的雏形。这一时期，书院开始对外招生讲学。比如窦氏书院就延聘教师，并资助贫寒之士，“有志于学者，听其自至”，使远近有志求学的人都能来此学习，在《三字经》中留下了“窦燕山，有义方”的美名。而后世书院最主要的功能——教育功能，也正是在这一时期奠定的。

北宋初年，由于官方的教育系统遭到了五代战乱的极大破坏，从中央官学到地方府学、县学基本上都处于瘫痪的状态。而五代方兴未艾的书院，就在这样的历史条件下得到了宋政权的大力扶持。这一时期，书院数量增加，教育功能得到强化，书院与科举的结合愈发紧密。后来，随着国力的恢复，北宋政府分别由范仲淹、王安石和蔡京发起了三次复兴官学运动，书院逐渐不再具有替代官学的特殊地位，其发展也受到了挫折。

南宋是书院发展的关键时期。靖康之变后，连续的战乱让不少书院灰飞烟灭。同时书院与科举紧密结合的弊端也逐渐暴露，很多士人将学习只当作谋取功名利禄的途径，置道德价值于不顾。在这样的背景下，胡宏、朱熹等理学家们掀起了书院复兴运动，各地开始创建或修复书院。这一时期，书院文化的显著特征是书院与理学的高度融合，理学家们纷纷将自己的思想融入书院教育之中，使书院成为了自己的学术大本营。他们力求消除科举流弊，倡导学以成人，反对功利化的学习。这一时期，书院制度也得到了重大的突破和完善，除了教育功能外，书院还逐渐具备了学术研究、刻书、祭祀、发展学田等其他功能。书院体制更加严密，从管理到后勤，从纪律规范到课程测试安排，都有详细的规定。可以说，南宋时期是书院制度确立的重要时期。

元代虽然由少数民族统治，但由于统治者看到了书院在维系人心和笼络人才上的重要作用，所以依然注重保护和发展书院，因此元代时书院也得到了发展和推广。原本书院匮乏的北方地区也出现了书院，比如在大都就出现了太极书院。与此同时，少数民族也加入书院的建设队伍之中，比如蒙古族人达可在四川创立石室、草堂、墨池三书院，又如苗族人杨再成创立儒林书院，等等。这一时期书院发展的明显特点就是其官学化趋势。元政府加强了对书院的控制，包括一方面严控书院设立的审批，另一方面规定书院的管理人员和财务机构的职能人员均由官府任命，从而使行政力量对书院事务的介入大为增强。元代还对书院制度进行过一些改革，比如双山长制度、山长改教授制度、训导主持教学制度等等。

明代前期，明朝政府并没有延续元朝支持书院的政策，而是抑制书院的发展。明朝政府没收了书院赖以为生的学田，并大力推动官学的发展。其中原因不甚明了，可能是因为明政府认为既有学校，书院即成冗余。所以在明朝前期，书院的发展确实在总体上呈现出了沉寂的状态。

明代中后期，随着朝廷遏制书院发展政策的松动，书院逐步得到恢复。但真正推动明代书院走向高度繁荣的还是阳明心学的兴起与流行。与宋代惊人地相似，明代学校也由于和科举紧密结合，逐渐呈现出功利的弊端，“视经书如土苴，而苞苴是求，弃仁义如敝屣”。更有甚者，由于明代中后期国家财政紧张，政府开始公然鬻卖国子监生员的资格，使得官学出现了“各处儒学生员多虚糜廪禄”的情况。一些学者便采取了与朱熹等人类似的方法，即抛弃官学而选择书院作为传播自己学术的大本营。心学的集大成者王阳明就选择贵阳文明书院、白鹿洞书院、稽山书院等讲学论道，心学大师湛若水更是“车从所至，咸有精舍”，忘我地投入到了书院事业之中。而由于心学主张“愚夫愚妇与圣人同”“满街人都是圣人”，书院走向民众，开始了平民化的进程。比如常熟的虞山书院就明文规定百姓可以参与书院讲学。

在明朝，书院还出现了很多值得关注的新发展。首先是书院分布范围的延伸，远至东北、西北、西南边陲都出现了书院。其次，出现了专门教育武学的“武书院”和供在职官员进修的仕学书院。明代书院的兴盛发展，也使得书院文化对外输出。朝鲜接受了明朝的书院制度，开始在国内创设书院，如崇阳书院、文会书院等。

然而到了明朝末年，书院的发展再次受到了阻碍。由于阳明心学被人指斥为“伪学”，早在嘉靖年间便出现了第一次禁毁书院运动。第二次禁毁书院运动出现于万历年间，内阁首辅张居正认为书院讲学已异化成巴结上司、希冀升迁的手段，失去了其原初的意义，便推行禁毁书院的方针。最后一次禁毁运动出现在天启年间，彼时魏忠贤的阉党集团擅权乱政，制造了东林党案，并波及天下的书院，大量书院在其时被拆除或被改为他用。书院的发展在明代末年再次陷入了沉寂。

清朝统治者在统一全国后依然对书院采取了严格的限制措施。但为笼络人心，避免激化社会矛盾，依然有限度地允许书院的讲学活动存在，甚至表彰了一些书院。同时，清政府开始着力构建官办书院体系，书院开始走向与科举紧密结合的“广学校所不及”的道路，甚至完全成为官学的附庸和科举的附庸。在清代，虽然书院在数量上依然保持繁荣，但在精神内核和内部发展上实际已经走向衰落。

清朝末年，随着书院教育的“弊已积重，习亦难返”，加之西方列强入侵，民族危机严重，学习八股辞章的传统书院已不能承担培养国家需要的新式人才的重担。一些有识之士遂主张模仿西方教育教学制度，改革传统书院。1898年，光绪帝在百日维新运动中下诏全国的书院一律改为兼习中学、西学的学校。这项措施虽然在维新变法运动失败后被慈禧太后废除，但革新已成历史潮流、大势所趋。八国联军侵华战争之后，面对局势，慈禧太后不得不同意“各省所有书院，于省城均改设大学堂，各府及直隶州均改设中学堂，各州县均改设小学堂”，实施新式教育。绵延约一千年的古代书院制度，至此终于落下了帷幕。

◆ 岳麓书院

四大书院

在我国的书院发展史上，有广为人知的“四大书院”的说法，大约在南宋时期这一提法就已经形成。但“四大书院”到底是哪四家，人们却有着不同的意见。应天书院、岳麓书院和白鹿洞书院名列其中并无争议，但石鼓书院、嵩阳书院到底哪一家应该名列其中，可谓众说纷纭、莫衷一是。兹将以上五所书院一并介绍。

岳麓书院

岳麓书院位于今湖南省长沙市。书院最初是在北宋开宝九年（976），由潭州知州朱洞主持，在原由僧人设立的办学设施基础上扩充规模、增置图书、创立而成。咸平二年（999），书院在原有基础上得到了扩建，并在两年后得到了北宋朝廷的赐书支持。大中祥符八年（1015），宋真宗召见书院首任山长周式并赐“岳麓书院”匾额。岳麓书院在北宋的发展在此时达到了顶峰，其时的岳麓书院已经是一个集教学、藏书、祭祀等功能于一身，具有较大影响力和完备体系的知名书院了。

北宋后期，岳麓书院被吸纳到“潭州三学”的教育体制之中，成为官学教育体制的一部分。学生于潭州州学成绩优秀者可升至湘西书院学习，在湘西书院表现突出者则可进入岳麓书院学习。这实际上就承认了岳麓书院的教学水平和教学质量在州学之上，成为了地方的高等学府。

南宋时期，随着张栻、朱熹等理学大家参与岳麓书院的讲学活动，岳麓书院渐渐与理学紧密结合，成为了理学发展和传播的重要阵地，而其自身也在浓厚的学术氛围中得到了快速的发展。南宋末年，元军攻破长沙，岳麓书院毁于战火。当时书院学生与军民一同抗敌，城破，“多感激死义者”。

元统一全国后，为了笼络天下士人之心，实行鼓励和保护书院发展的政策，所以在至元二十三年（1286）开始了书院的修复工作。然而书院的恢复势头在明代前期却由于朝廷对官学的大力倡导和对书院的抑制政策而受到了遏制，这种情况在明代中叶又随着政策的松动而得到了缓解。真正推动书院重新走向辉煌的还是王阳明学说的传播。王阳明多位弟子曾在此讲学，传播心学，推动了岳麓书院学术的重新繁荣。

清代大力推行书院官学化，岳麓书院也难以避免官学化的潮流而被列为“省城书院”之一。在清朝后期，随着民族危机的加剧和社会潮流的演进，传统的岳麓书院已经无法适应时代的需要，终于在1903年由湖南巡抚赵尔巽奏请，合并其他机构，组成湖南高等学堂，结束了它绵延千年的书院史。岳麓书院现已成为湖南大学的一部分，是研究中国传统学术的重镇。

白鹿洞书院

白鹿洞书院位于今江西省九江市庐山五老峰南麓。在南唐升元年间，这里创立了庐山国学，供士人学习，可谓白鹿洞书院的先声。不过庐山国学于北宋初废止，后来虽曾一度得到修复，但规模不大，知名度不高，内部发展动力并不充分。至迟到了宋神宗年间，书院再次沦为一片荒废的山林。

南宋孝宗淳熙六年（1179），朱熹出任南康军知军。任职期间，朱熹对于书院事业非常热心，主持修复了白鹿洞书院，还为添置学田筹集资金，并且除了自己和本院教师讲学，也邀请陆九渊等院外名流学者来此讲学，使书院讲学的特色更为突出。朱熹对于白鹿洞书院建设还有一个很大的贡献，是他为书院制定的学规——《白鹿洞书院揭示》，其中规定了书院的办学目标和基本章程。这不仅使白鹿洞书院事

◆白鹿洞书院

业制度化和体系化，这个揭示后来也成为其他书院学规的范本，间接促使白鹿洞书院名扬天下，名垂古今。南宋末年，白鹿洞书院侥幸逃过战火殃及。元朝末年，九江一带兵祸连连，白鹿洞书院终毁于战火。

明英宗年间，白鹿洞书院得到修复，并屡经翻修。万历初年，张居正下令禁毁天下书院。白鹿洞书院由于有敕额和先圣先贤像，免于被拆毁，然而书院赖以为生的学田大部分被充公，只留下了三百亩以供祭祀。张居正去世后，禁毁书院的命令废止，书院得到恢复，其发展一直延续到了清末。1901年，清廷推动教育改革，下诏改全国书院为学堂。白鹿洞书院停办，被改造成江西高等林业学堂，结束了其作为书院的历史。

嵩阳书院

嵩阳书院位于今河南省登封市中岳嵩山南麓。因为地处嵩山南侧，故名嵩阳书院。其前身原为一座叫“嵩阳观”的道观。五代时期，嵩阳观改为太乙书院。至道二年（996），太乙书院改为太室书院，并获赐匾额。景祐二年（1035），宋仁宗下令重修，并改书院名为嵩阳书院。

在宋神宗时期，随着程颢、程颐和司马光的讲学活动，嵩阳书院名声大振，成为与岳麓、应天和白鹿洞书院齐名的重要书院。北宋灭亡后，此处位于金国的统治区域，统治者对于书院教育的重视程度和往昔不可同日而语，加之书院地处兵家必争之地，战乱频仍，嵩阳书院的讲学活动便归于沉寂。这种情形持续了很长时间，一直到明中叶，随着官学的颓败和书院讲学的兴起，嵩阳书院才重新得到了恢复，不过这种短暂的恢复势头后来又被明末的战火打断了。

清初，在一些当地官员和学者的倡导下，嵩阳书院得到了快速的发展，其建筑和规制也得到了修复。清朝后期，书院再次陷入颓败，破败失修，摇摇欲坠。清末书院改制为学堂，嵩阳书院被改办为高等小学堂。

石鼓书院

石鼓书院地处今湖南省衡阳市石鼓山。石鼓山林木蓊郁、江水环绕、风景优美，是个读书治学的绝佳场所。唐元和年间（806—820），秀才李宽中在此处结庐读书。宋至道三年（997），李士真在原李宽中读书处建石鼓书院。其后，书院得到了朝廷的赐额，名声大振，一度与白鹿洞、应天和岳麓书院齐名。

元代时石鼓书院继续办学。但其学田一度被不法僧人、富豪强占，经过多年诉讼，方得归还。元末，书院毁于战火。明永乐年间，官方开始对书院进行大规模的修复工作。这次修复历经多朝，到正德年间，书院声名大盛，多位当时的著名学者到此讲学。书院建筑层次完整、布局井然，欣欣向荣。

明清换代之际，书院再次毁于战火。清朝前期，又多次对书院进行修复，大体恢复了书院的规模。清末，在教育体制改革的潮流下，石鼓书院于1902年被改为衡阳官立中学堂。

应天书院

应天书院位于今河南省商丘市，也叫应天府书院。五代时期，官学系统遭到了巨大的破坏，学术面临无法传承的危机。商丘人杨悫在将军赵直的帮助下开办睢阳学舍，收徒讲学，是为应天书院前身。杨悫去世后，其学生戚同文继承师业，继续办学，培养出大批人才。但随着戚同文的去世，睢阳学舍不久也被关闭。

大中祥符二年（1009），应天府人曹诚自发捐资，在睢阳学舍的基础上创建书院。这种行为得到了宋真宗的嘉许，并赐额“应天府书院”。庆历三年（1043），应天府书院升为南京国子监（当时应天府改称南京），成为全国最高的学府之一。应天书院不仅在学术上高度繁荣，名气也与日俱增，而晏殊、范仲淹等人的支持或讲学更使应天书院名声大振，被时人列为天下四大书院之一。

北宋末年，应天书院毁于兵火。其后屡建屡废，在明代中叶，应天书院毁于黄河水灾。修复后的书院也被迁到了商丘城的西北部，非复书院原址。万历初年，诏毁天下书院，应天书院也不能幸免。万历二十九年（1601），当地官员建“范文正公讲院”教学育人。明末讲院废毁。其后虽有兴废重修，但影响不大。

鹅湖之会

书院虽发端于唐代，但它的发展成型、蔚然成风则是在两宋。中国传统的书院教育，师生朝夕相处，身教胜于言教。师长循循善诱，点醒启发，学生领会体证，深造自得，比较典型地体现了儒家“为己之学”的教育理念。

理学家们以他们特有的社会责任感，在科举之外另辟蹊径，兴办各式书院。书院和理学的交融，是宋代和明代重要的文化现象。南宋时风行讲学，书院发达，发生在鹅湖寺的朱熹和陆九渊之间的辩难便是其中一个著名的例子。

南宋淳熙二年（1175），在吕祖谦的邀请下，朱熹和陆九渊相会于江西上饶铅山县的鹅湖寺，两人就治学的根本方法产生了激烈的争论，史称“鹅湖之会”。后来，人们为纪念“鹅湖之会”，在当地建“文宗书院”，后更名为“鹅湖书院”。

朱熹主张“格物穷理”，重视“道问学”。他认为人心有知，天下事物“莫不有理”，故要格具体事物之理，通过“用力之久”的工夫，最后达到“豁然贯通”，从而掌握天理。而“格物”的主要内容就是读圣贤书，因此他在治学方法上主张“泛观博览”。

陆九渊主张“发明本心”，提倡“尊德性”。他认为朱熹提倡的这套“即物穷理”的认识途径太“支离”繁琐，不切实用。陆九渊主张“心即理”，力求寻找一种简易、直捷的办法。这就是“切己自反”“发明本心”，即在治学方法上主张先发明人之本心，不必多做读书穷理工夫。

朱熹批评陆九渊的学说“太简”，以陆学为“禅学”。朱熹后来讥讽道：“陆子静之学，只管说一个心本来是好底物事，上面著不得一个字，只是人被私欲遮了。若识得一个心了，万法流出，更都无许多事。他却是实见得个道理恁地，所以不怕天，不怕地，一向胡叫胡喊。”（《朱子语类》卷一二四）朱熹斥其空疏，认为陆学说来说去就是一个“心”，万事万物都是从“心”流出来的，天不怕，地不怕，天上地下，唯我独尊。

陆九渊批评朱熹的观点“支离”，不得要领。陆九渊赋诗云：“墟墓兴哀宗庙钦，斯人千古不磨心。涓流积至沧溟水，拳石崇成泰华岑。易简工夫终久大，支离事业竟浮沉。欲知自下升高处，真伪先须辨只今。”（《鹅湖和教授兄韵》）其大意是：人们见到墓地就会产生悲痛之感，见到宗庙便会兴起恭敬之心，这悲痛、恭敬之心是人们所共有的千古不变之心；涓涓细流聚成沧溟之水，拳拳之石垒成泰山之巍；易简质朴、直达本心的学问定会永久流传，旁求他索、不着根本的支离之学终将走向沉沦；想要知晓由低到高的学问路径，只在于辨别当下的立志明心的一瞬。

陆九渊认为人有天赋道德之心，自古圣贤相传的也只是这一本心，只有认识“本心”，才犹如木有根，水有源，若将精力花费到注解诠释古代经典上，以探求精微大义，只会使人迷惘。“明本心”的观点承自孟子。孟子说：“人皆有不忍人之心。……所以谓人皆有不忍人之心者，今人乍见孺子将入于井，皆有怵惕恻隐之心——非所以内交于孺子之父母也，非所以要誉于乡党朋友也，非恶其声而然也。”（《孟子·公孙丑上》）其含义是，每个人都有怜悯体恤别人之心，之所以这样说，其道理在于：譬如如果突然看到一个小孩子要跌到井里去，任何人都会产生惊骇同情之心，其产生并非为着要和小孩的父母攀结交情，不是为了在乡里朋友中博取声誉，也不是厌恶小孩的哭声才如此；救孩子的行为并非受到某种外在的推动而做出，其动力源自人所固有的内在的本心。

鹅湖之会后，朱熹曾和诗一首以为答辩，诗云：“德义风流夙所钦，别离三载更关心。偶扶藜杖出寒谷，又枉篮舆度远岑。旧学商量加邃密，新知培养转深沉。却愁说到无言处，不信人间有古今。”（《鹅湖寺和陆子寿》）陆子寿即陆

◆ 鹅湖书院

九龄，是陆九渊的兄长，他也参加了鹅湖之会，当时曾赋诗一首——《鹅湖示同志》。上引陆九渊的诗《鹅湖和教授兄韵》，是和其兄的诗。朱熹的这首诗，首颔两联是对陆氏道德文章的称赞；颈联的本意是说学问并不是一成不变的，通过讨论切磋，旧学问会更加精深细密，新知识将愈益深沉，也含有希望对方广采博览的意思；尾联则表达了对轻视博览群书、只求发明本心的主张的委婉批评。

书院在南宋时期作为学术交流和学术辩论的重要场所，为中国思想的发展提供了重要载体。陆九渊的心学经明代王阳明的发展，臻于圆熟，世称“陆王心学”，由此形成与程朱理学相峙的局面。这两种学说对后世产生了巨大而深远的影响。

四

现代书院

现代学校与传统书院有着千丝万缕的联系，学校在某种程度上也对传统书院办学形式进行了延续和发展。我们在第二章讲到了近现代学校的产生，本节再就书院的近现代转型略加说明。

清朝后期，在列强入侵、民族危亡的大背景下，一些对国家兴亡有责任感的进步人士，针对书院官学化严重、教学内容脱离实际、不能满足国家为救亡图存培养人才的需要等问题，主张对书院进行大刀阔斧的改革。

改良主义者郑观应主张，应该仿照西方的教学机构设置模式，在各州县设小学，在各省府设中学，在京城设大学。1895年，官员胡燏棻上疏痛陈书院教育埋头于无用的八股辞章，而对于经世致用的实学却“一无讲求”，力主改书院为学堂，教授西方的科学知识。1896年，李端棻也在奏陈中提出类似的主张，希望在原有书院的基础上建立起新式学堂。

真正推动书院改制实行的是维新派代表人物康有为，他建议将书院全部改为学校，以省会的书院为高等学校，以府州县的书院为中等学校，以义学、社学为小学，传授能真正救亡图存的实学知识，他的建议最终得到了光绪皇帝的采纳。虽然书院改制在维新变法运动失败后被短暂废止，但这是大势所趋。八国联军侵华战争后，清政府不得不再次将书院改制提上议程。到1902年，随着《钦定学堂章程》（“壬寅学制”）的发布，清王朝再次开启了全国书院向学堂转化的步伐。书院逐步转变为近现代式的学校。

除了办学形式上的延续与发展，现代学校教育也重视对传统书院办学精神的传承。一些学者主张从古代书院尊重学术、重视德行的精神中汲取营养，重启对于书院的研究与实践，甚至身体力行，着手恢复或创办书院。比如，现代新儒家学者就积极地投身到书院实践的事业中，以书院为研究和传播中国传统文化的基地，其中著名的有马一浮创办的复性书院、梁漱溟创办的勉仁书院、张君劢创办的民族文化书院、钱穆与唐君毅等人创办的新亚书院等。这些学者以书院为学术研究的载体，著书立说，传道授业，不仅建立了自己的学术体系，也培养了众多研究中国文化的人才。

这里我们以马一浮创办复性书院的故事，来说明为什么书院在现代依然受到重视。北京大学蔡元培校长曾邀请马一浮先生前往北大任教。马一浮接到邀请后，以“古闻来学，未闻往教”八字回绝。他意思是说，从古到今，只听说过学生来老师家求学的，并未听说过老师去学校教书的。他因此拒绝了蔡元培校长的邀请。马一浮的做法在今天看来可能有些难以理解，甚至显得偏执、迂腐，但这体现了他对讲学独立性的坚持。现代学校遵循科层制管理，师道尊严可能会受到损害。

马一浮创办复性书院时，曾在《复性书院简章》中，对书院的性质做了明确说明："书院之设，为专明吾国学术本原，使学者得自由研究，养成通儒，不隶属于现行学制系统之内。"[1]马一浮生活在儒门淡薄、西学日炽的剧变时代，传统儒家式教育日趋式微，现代分科式教育几乎成了唯一模式。但是，现代学校教育过分强调工具理性，教学内容基本都是实用性的知识技能，支离破碎而无关人整全的生命，这样就只能培养专业的"才"，而不能培养通达的"人"。提倡传统书院精神，可补救这一偏弊。

虽然书院在体制上的教育功能，已被学校所取代，但它所包含的尊重学术、重视人格品性、开放平等的教育理念，却能超越时间与地域限制，对于我们为人为学，具有重要的价值。

---

1 马一浮：《复性书院简章》，《马一浮全集（第四册）》，杭州：浙江古籍出版社，2013，第41页。

文化关键词

书院

唐宋至明清时期出现的一种文化教育机构，是私人或官府所设的聚徒传授、研究学问的场所，兼具教学、研究、藏书等多种功能。它渊源于佛教禅林和私人藏书楼，萌生于唐，兴盛于宋。南宋初年，朱熹、张栻、吕祖谦、陆九渊等学者兴办书院，使之成为讲学及学派活动的基地。书院独立于官学之外，多设于环境宁静优美之地，由名师硕儒主持，追求学术自由与创新，注重言传身教、人格塑造，不图科举功名。南宋末年，书院逐步趋于官学，并与科举制度贯通。书院的兴衰与宋明理学的兴衰互为表里。1901年清政府下令书院全部改为学堂。书院存在约一千年，对中国古代教育和文化发展、推动中国文化走向海外产生过重大影响。

经学

研究儒家经典的学问。“经学”也称“六艺之学”，是围绕《诗》《书》《礼》《乐》《易》《春秋》等儒家经典展开的学问，包含对经典的训诂注疏、义理阐释以及对文本传承、学派源流等问题的讨论。“经学”的核心是通过对经典义理的不断阐释，表达阐释者对生活世界的秩序与价值的根本理解。

章句

主要含义有二：其一，汉语诗文中字词、句、段、篇的统称。南朝刘勰《文心雕龙》重点从写作角度探讨围绕文章主题遣词造句、安排段落、形成篇章的一般原则与方法。刘勰在强调立意高的前提下要求章句精雕细琢，启示后人在写作中自觉揣摩文法，总结经验，展开文学批评和理论探讨。其二，为古代一种注释体著作名称，意思是分章析句，主要对儒家经典文本划分段落，解释其中的字词并串讲大意。如东汉王逸的《楚辞章句》、南宋朱熹的《大学章句》《中庸章句》等。

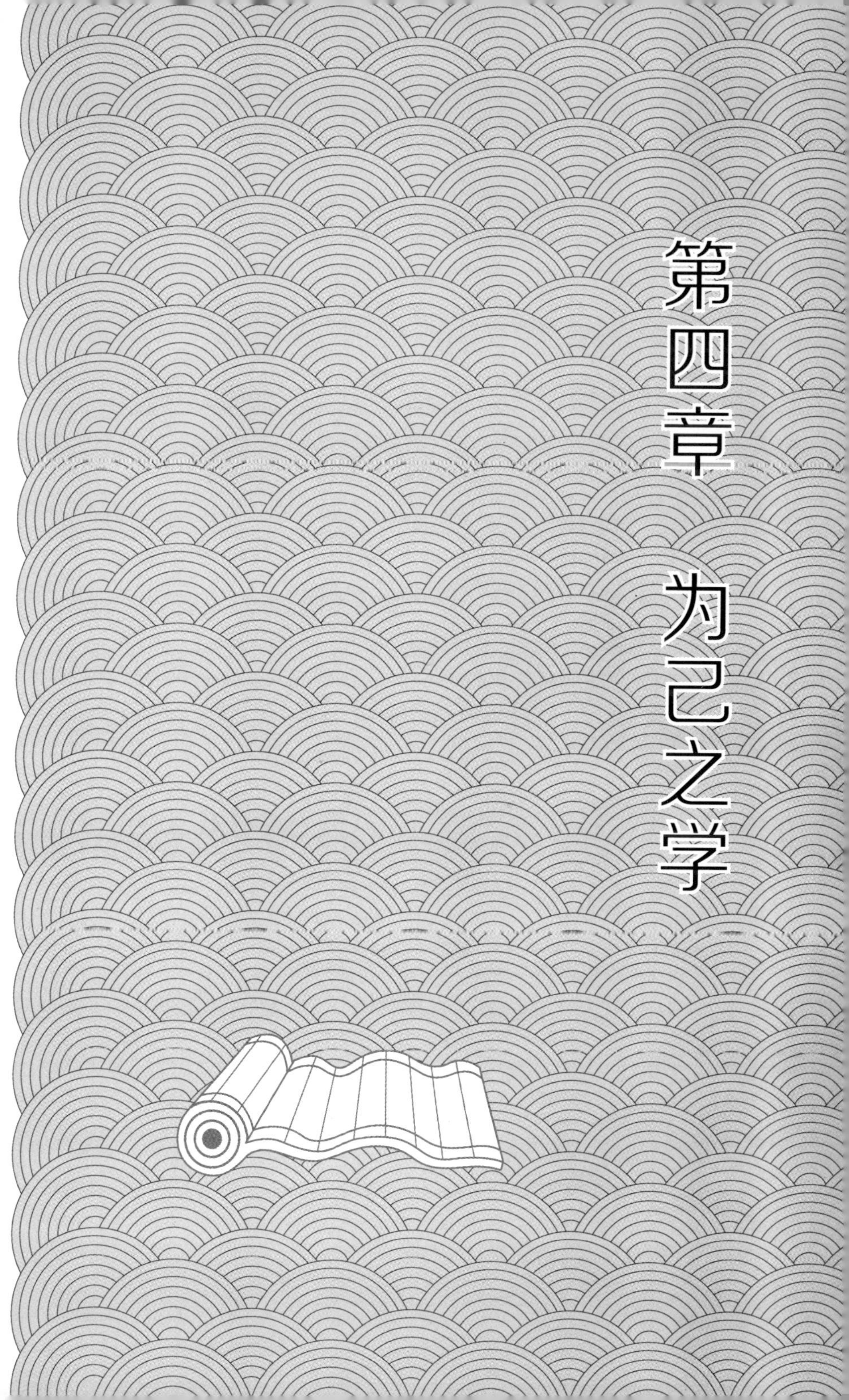

第四章　为己之学

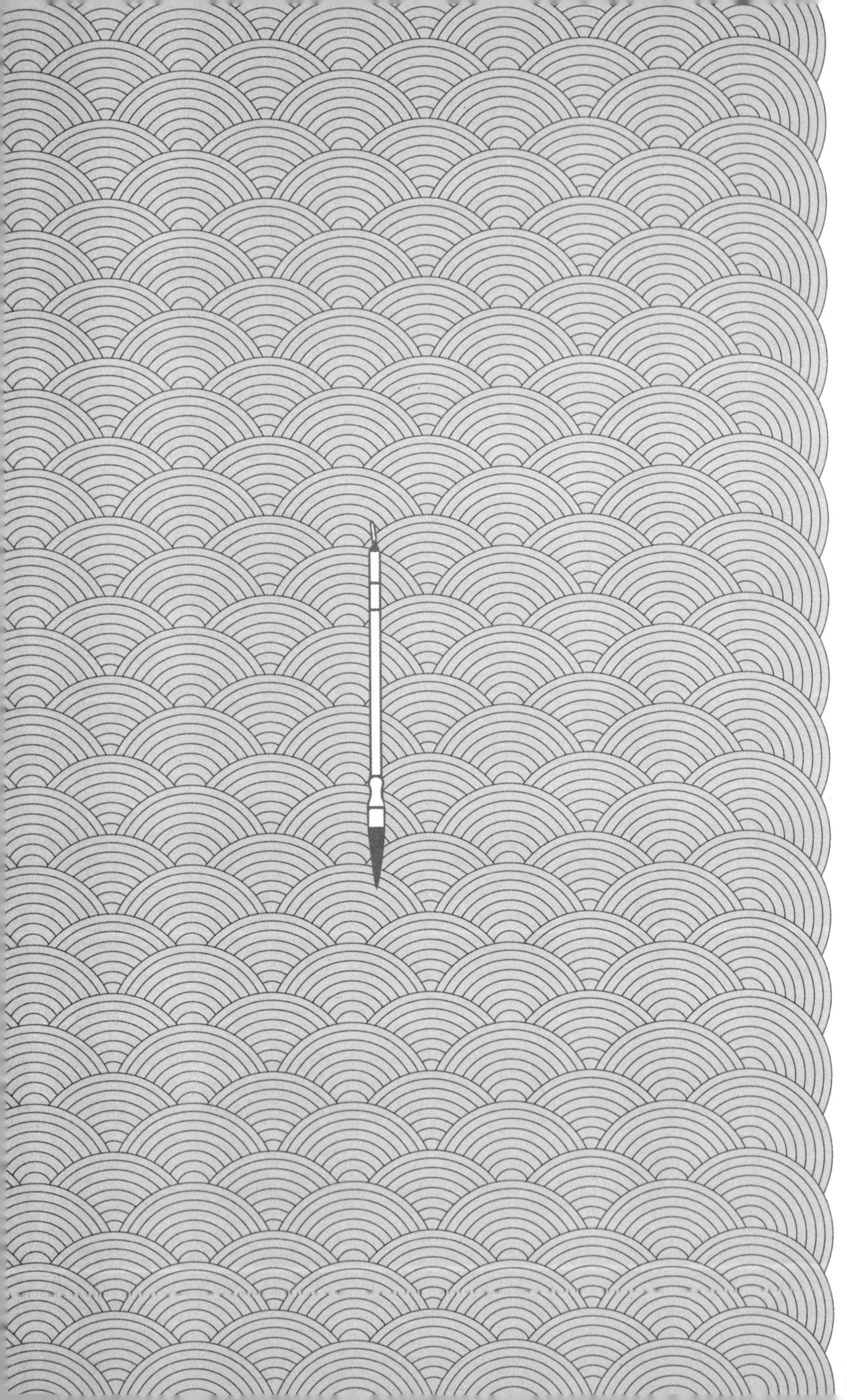

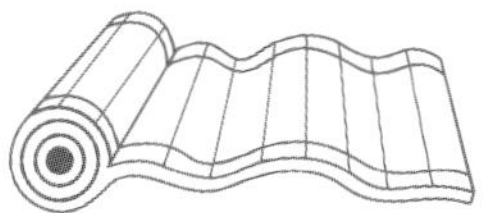

“学”的古义有教导、接受教育、效法、知识、学校等，朱熹说：“学之为言效也”（《四书章句集注·学而第一》），认为“学”是一个仿效的过程；“习”的繁体字是“習”，从“羽”，本义是小鸟反复地试飞。孔子说“学而时习之”（《学而》），学的内容是礼、乐、诗、书等古代文化遗产，这些内容大多与个人道德、社会生活密切相关，所以要“时习之”，即在一定的时候练习、实践。孔子在谈到知识教育和道德实践的关系时说：“弟子，入则孝，出则悌，谨而信，泛爱众，而亲仁。行有余力，则以学文。”（《学而》）显然，在孔子看来，道德实践是第一位的，知识教育是第二位的，虽然“学”的直接对象是古代的文化遗产，但是其目标则是道德实践。

在中国传统文化中，学习并不是简单的学知识，学习的过程也是成人、成德的过程，为学的最终目的是成就人格。冯友兰说："有各种的人。对于每一种人，都有那一种人所可能有的最高的成就。例如从事于实际政治的人，所可能有的最高成就是成为大政治家。从事于艺术的人，所可能有的最高成就是成为大艺术家。人虽有各种，但各种的人都是人。专就一个人是人说，所可能有的最高成就是成为什么呢？照中国哲学家们说，那就是成为圣人，而圣人的最高成就是个人与宇宙的同一。"[1] 如果说"成为某种人"对应的是成才教育，那么"成为人"对应的是成人教育。

儒家的"为己之学"是"成人"的教育。以"学以为己"为根本宗旨的传统儒家式教育，是一种人文主义的博雅教育，它以培养一己品格的完美为其目的，专门性人才的造就并不是其核心关切。

1 冯友兰著，涂又光译：《中国哲学简史》，北京：北京大学出版社，1996，第6页。

为己之学

孔子说："古之学者为己，今之学者为人。"（《宪问》）所谓"为己之学"，是说学习的目的在于提高自身的修养，成就自己的人格，学习是出于自己的兴趣。这里的"己"是人格之意，"为己"并不是自私自利，而是成就人格。与"为己之学"相对的是"为人之学"，其目的则是向别人炫耀自己的学问，而与自己的人格完善不相干，学习并不是出于完善自己人格的内在要求。"为己之学"与人的存在密切相关，它强调知识和行为的一致性；而"为人之学"是与生命无关的外在性知识，是记问之学。"为己之学"是中国传统教育的基本理念，也是中国古代读书人的最终关怀。

"为己之学"以成德为目标，但并不排斥知识之学，它当然重视知识的积累，不过它不以成为专门的学问家为目的，而是以成就道德人格为依归。"学"可以获得知识，发展智力，所谓"好学近乎知（智）"。但"学"并不是为了求知而求知，其最终的目的是成就仁德，所谓"力行近乎仁"（《中庸》）。

"学而时习之"的学，与追求专门知识的学，都开始于经验的知识，但二者有很大的差别：追求专门知识的学，是以成专家为目的，并无德性修养的意味；“学而时习之”的学，纵然也是从日常生活的实际经验着手，可是它以成德为最终的目标。“学习”的范围极为广泛，礼、乐、射、御、书、数之类均包含在内，但学到的知识需要经过一种转化，即将经验知识转化为内在的德性，才算是学习的真正完成。

教育的确可以增长我们的知识，但完成从知识到德性的转化则取决于我们自身。所以孔子说：“为仁由己。”（《颜渊》）又说：“我欲仁，斯仁至矣。”（《述而》）仁德的实现只能凭借自身的努力，不能依靠外在的力量。这就像是学骑自行车，我们当然要知道其基本的机械原理，脚踩踏板，通过链条传导，带动车轮转动，等等，但知道了这些知识，并不等于学会了骑自行车。我们必须要实际骑行一番，才有可能学会，否则无论看多少机械原理的书，也无济于事。这些知识是外在的，它只是个基础，“学会”有待内在的体验，需要我们切身参与。等到我们驾轻就熟的时候，自行车就像是我们身体的延伸，骑起来得心应手。

用杜维明的话来说，“为己之学”是体知（embodied knowing），即用我们的身体来感知，这是一种将外在世界内化的工夫，是一种整合身心的体验之知，通过对身、形、体的修养及训练，以身（如“修身”“身教”）体（如“体证”“体认”）之。杜维明认为，用具体的经验在生活中实践，用整个的身心去思考，是人们成为真实的人的途径。

孟子主张人性善，这种善性出于人的本性、天性，孟子称之为“良知”“良能”。人顺着先天的善性自然行事是道德的行为。而人之所以作恶，并不能归咎于人的本性，这是人没有自觉到它的存在。因为物欲的障蔽，人迷失了本心、本性，孟子称之为“陷溺其心”“失其本心”“放其良心”。人顺着私欲习气的下委堕落，恶便会产生。所以孟子说：“学问之道无他，求其放心而已矣。”（《孟子·告子上》）他认为，仁是出于人本来的善心，义是人所必由的道路。如果放弃了必由之路而不寻，丧失了固有的善心而不知去找，实在是可悲的。鸡犬走失了，人们还知道去找，善良的心丢失了，难道不应去找？学问之道没有别的，就是要把那丧失的善心找回来罢了。因此孟子主张教育应当“存其心，养其性”（《孟子·尽心上》），培养、扩充人性中的善端，找回丢失的本心。

既然仁德是每个人内心都有的，那么教育便不是将一套与其生命无关的外在性知识灌输给受教者，而是引导、启发他认识到自身内在的德性，并努力去践行、扩充。论及知识和德性的关系，孟子有“耳目之官”与“心之官”的区分。前者不会思考，它获取的是一般的知识，即后来宋代儒

◆ 孟子画像

者所说的"见闻之知";后者职在思考,是"天之所与我者"(《孟子·告子上》),它所拥有的是宋代儒者所说的"德性之知"。

"见闻之知"源于感官与外物的接触,是由感觉经验得来的知识。"德性之知"则是关于德性自身的知识,获得的途径只能是内心的体认。前者是对外界事物的认识,后者是一种先天的道德直觉,因此不能由前者得来。

人的善性一经自觉便可得着,因此要"先立乎其大者"(《孟子·告子上》)。先将"心之官"树立起来,"耳目之官"便不能将此善性夺去。不过从知识到德性的转化并不容易,它必须通过内心的觉悟,因此古人将"学"训释为"觉"也是有一定的意义的。"觉"等于德性之开启或悟发,当然不是凭空地开启,而是从经验知识的获得开始。知识只是恢复先天善性的外在助缘,受教育并非是将外在的善性加给我们,而是帮我们恢复内心的善性。儒家的教育强调启发人内在的道德自觉。

荀子直接发挥了孔子"为己之学"的说法,他说:"君子之学也,入乎耳,箸乎心,布乎四体,形乎动静,端而言,蝡(蠕)而动,一可以为法则。"君子学习,听在耳里,记在心里,表现在规范的举止和符合礼仪的行动上。一举一动,哪怕是极细微的言行,都可以垂范于人。而"小人之学也,入乎耳，出乎口。口耳之间则四寸耳，曷足以美七尺之躯哉！”小人学习是从耳听从嘴出，相距不过四寸而已，怎么能够完善他的七尺之躯呢？所以荀子接着说：“古之学者为己，今之学者为人。君子之学也，以美其身；小人之学也，以为禽犊。”（《荀子・劝学》）古人学习是自身道德修养的需求，今人学习则只是为了炫耀于人。君子学习是为了完善自我，小人学习是为了卖弄和哗众取宠，将学问当作家禽、小牛之类的礼物去取悦于人。

荀子批评的知识功利化的现象，在隋唐科举制度开始实行后变得更为普遍。科举取士通过制度化的方式将读书与做官密切结合在一起。这造成了中国传统士人在仕与隐、出处进退之间常常两难的境地。在功名利禄的诱惑下，知识阶层中的一部分人逐渐偏离了为己之学的初衷，升官发财成了一部分读书人的追求。

在某种程度上，宋代书院的大兴正是对上述情况的弥补。书院虽发端于唐代，但它的发展成型、蔚然成风是在两宋。中国传统的书院教育，比较典型地体现了儒家“为己之学”的教育理念。理学家们以他们的社会责任感，在科举之外另辟蹊径，兴办各式书院，倡导学以成人，反对功利化的学习。

致良知

明代的王阳明对孟子“求放心”之说加以深化与发挥，提出以“致良知”为治学的本旨。他对“求放心”的解释是：“心即理也。学者，学此心也；求者，求此心也。孟子云：‘学问之道无他，求其放心而已矣。’非若后世广记博诵古人之言词，以为好古，而汲汲然惟以求功名利达之具于其外者也。”（《传习录》中）王阳明反对将理视为心外之物，看成外在的知识，他认为心就是理。学习即学习自己的本心；寻求即寻求自己的本心。若认为读书就是广记博诵古人的言辞，而不是为了寻求自己心中的理，甚至以功名利禄等身外之物为目的，这说到底与“为己之学”是不相干的，是“为人之学”。

在王阳明看来，虽然人与人之间，有贫富的不均、气禀的不同等诸多现实的差异，但说到做工夫，终究不过是“致良知”。“良知”是天生本然、不学而得的智慧；“致良知”就是将良知推广扩充到万事万物。“致”本身兼知兼行，因此“致良知”也就是知行合一。学、问、思、辨、笃行的工夫，虽有人资质低下，要付出比别人多百倍的艰苦努力，但当到了尽性知天这一工夫的极限，也不过是尽其良知罢了。良知

◆明 蔡世新《阳明先生小像》

以外，并不能再加一丝一毫。人们开口必说穷尽外在之理，却不知道反求自己的本心，那么，所谓善、恶的来由，真、假的区别之类，离开自己心的良知，又用什么来体察呢？甚至一个人被气质所拘束，为外物所蒙蔽，正是被外在之理束缚和蒙蔽罢了。欲摆脱这种蔽障，不知致力于自己的心，却想从外物去追求，这好比眼睛失明的人，不去服药调理以治好眼睛，反而到身外去追求视力一样，视力是不可能从身外求得的。

王阳明认为，只有去除私欲，才能正人心，搬弄文辞，只会助长私欲。他本人并不执着于著述，他对当时著述的泛滥、文辞的浮华、功利的追逐，持严厉的批判态度。特别是在《拔本塞源论》中，他认为圣人之学就是为己之学、成德之教，秦朝以前的上古社会是圣学隆盛的年代，而后圣学衰落，邪说横行，人们向外驰求功利，忘却了内在的本心，导致天下大乱。在王阳明看来，要匡救世弊，只有复兴圣人之学。好在人人生而具有自足的良知，只要致良知就能成圣成贤，达成救世的目的。

在王阳明看来，上古社会没有后世那样庞杂的知识、繁琐的记诵、浮靡的辞章，人们也不会去追求搅乱人心的利益，只要孝敬双亲，尊重长者，取信朋友，便能够恢复人人都认同的本心。这本是人们固有的天性，并非从外部借来，因此谁都可以做到。学校之中，以培养道德为主要目的，而学生才能是有差异的，有人对礼乐有特长，有人于政教有爱好，还有的人长于治理水土、播植农艺，这样，在成德的基础上，让人们在学校里对自己的专长精益求精。这是典型的为己之学。

王阳明认为，秦以降，训诂之学兴盛，很多学者以文字训诂及其传播来邀取名声；记诵之学兴盛，人们将背诵经书视作博学多识；辞章之学兴盛，很多人致力于写作华丽的文章。这些学问在世间群起并行，其流派数不胜数，令人无所适从。世上的学者，就像进入百戏的剧场，只见有嬉笑跳跃的，有骋奇斗巧的，有卖笑争妍的，从四面八方涌出来，令人应接不暇，因此目眩耳鸣，精神恍惚，忘记了学习的初衷。圣人之学愈发遥远，愈发暗淡，而功利的积习，却越来越盛。记诵很广，恰好用来助长了说教；知识很多，恰好用来推行了罪恶；见闻广博，恰好用来帮助了诡辩；辞章宏富，恰好用来掩饰了虚伪。以上情形便是落入为人之学。

从游

曾担任清华大学校长的梅贻琦先生在《大学一解》一文中，将传统儒家式教育概括为“从游”之义，文中讲到：“古者学子从师受业，谓之从游，孟子曰，‘游于圣人之门者难为言’，间尝思之，游之时义大矣哉。学校犹水也，师生犹鱼也，其行动犹游泳也，大鱼前导，小鱼尾随，是从游也，从游既久，其濡染观摩之效，自不求而至，不为而成。反观今日师生之关系，直一奏技者与看客之关系耳，去从游之义不綦远哉！”宋明理学家倡导的书院教育，是“从游”之义的生动体现。现代新儒家熊十力与其学生唐君毅、牟宗三、徐复观的交往，也是“从游”之义的很好例证。

新儒家原是指宋元明时期的道学或理学，是冯友兰为方便西方汉学界认知中国哲学而使用的名词。20世纪70年代中期以来，人们又用新儒家指称新文化运动后旨在复兴精神性的儒家或儒学的思潮、流派与学者。后来，人们一般以现代新儒家指代后者，以区别于宋明理学。熊十力及其学生唐君毅、牟宗三、徐复观，是新儒家的几位代表性学者。

抗日战争期间，牟宗三跟随熊十力多年，唐君毅、徐复观也曾从游于熊十力，深受他的启发。熊十力常责备、教训他的学生，他对牟宗三的批评及对徐复观“起死回生的一骂”是其中著名的例子。

中国古代哲学家的哲学智慧是从其精神人格中流淌出来的，知识和德性在他们身上统一而不可分。遵循自己的哲学信念而生活，这本身就是其哲学的组成部分。如孔子，他的思想与他的人生活动是合一的，他的一生都在践履他的思想，或者说他的哲学需要他生活于其中。用金岳霖的话来说："对于他（中国哲学家），哲学从来就不只是为人类认识摆设的观念模式，而是内在于他的行动的箴言体系；在极端的情况下，他的哲学简直可以说是他的传记。"现代的熊十力也是这样。他的哲学也绝非智力游戏，其背后总有一个活生生的人呼之欲出。

熊十力的学问在他的生命中。用牟宗三的话来说，这种学问与自然科学不同，它是内容真理（intensional truth），数学、物理等自然科学真理，是外延真理（extensional truth）。外延真理是平面的，尽量把自己的生命推到一边，以表示客观，又把自己所研究的对象推出去，使其对象化、客观化。外延真理只关事实，不问价值，是外在性知识，与生命无关，属于“非存在领域”。内容真理是立体的，它是生命的学问，不单是要知道它，还要身体力行。

上文提到的见闻之知与德性之知，用牟宗三的话来说，即外延真理与内容真理。但由外延真理转到内容真理，却存在极大的困难，并不容易。熊十力却有方法，能使学习者思想升华，由外延真理的领域突进到内容真理的领域。

牟宗三第一次见到熊十力是在1932年，他当时24岁，是北京大学哲学系大三学生，熊十力是北大哲学系老师。这年冬天的一天，牟宗三跟随北大哲学系另一位老师邓高镜去北京中央公园喝茶，林宰平、汤用彤、李证刚等在座。不一会儿看见一位胡须飘飘、面带病容、头戴瓜皮帽、好像一位走方郎中的先生，在寒气瑟缩中走进来，那便是熊十力。牟宗三开始并未在意他，忽然在他们的闲谈中，熊十力把桌子一拍，很严肃地喊了起来："当今之世，讲晚周诸子，只有我熊某能讲，其余都是混扯。"在座诸位呵呵一笑，倒让牟宗三耳目一振，觉得这先生真是不凡，竟如此地不客气，很是威严。他便注意起来，感觉熊十力清秀奇逸，能挑破沉闷，直对着那纷纷攘攘的凡尘，"作狮子吼"。

后来，牟宗三在描述他与熊十力的第一次见面时说："我在这里始见了一个真人，始嗅到了学问与生命的意味。反观平日心思所存只是些浮薄杂乱矜夸邀誉之知解，全说不上是学问。真性情、真生命，都还没有透出来，只是在昏沉的习气中滚。我当时好像直从熊先生的狮子吼里得到了一个当头棒喝，使我的眼睛心思在浮泛的向外追逐中回光返照，照到了自己的‘现实’之何所是，停滞在何层面。这是打落到‘存在的’领域中之开始机缘。”[1]

熊十力常对后学说：“你不要以为自己懂得了，实则差得远。”这话无疑也是一棒喝。学习不仅是知识的获取，也是人格的践履。一个儒学的研习者，若局限于外延真理，则始终隔了一层。其实熊十力的意思是说你所懂得的尚停留在外延真理的层面，并没有从世俗的外在涉猎追逐中得到解放，在内容真理的层面尚未懂。

牟宗三在多年以后回忆说，他教了一辈子书，生命中没有波澜壮阔，但也没有消沉过，可是每当他见到熊先生，总觉自己的生命颓废，在往下退堕。他觉得自己一生并没有堕落过，也很努力，很用功，但是一见熊先生，便会往上跃一步。像皮球浸在水中，打它一下，便会蹦上来。不见熊先生，这球便永远平平地浮在水上，不会蹦上来。

在当时的思想界，源自西方的实证主义、唯科学主义、单线进化论大行其道，反传统主义风头正盛。中国哲学所讲的德性义理、人格价值普遍遭到轻视，甚至不被承认，弃如敝屣。熊十力正是在只重文字训诂、否定体认工夫的风气

1 牟宗三：《五十自述》，《牟宗三先生全集32》，台北：联经出版事业股份有限公司，2003，第76—77页。

下，弘扬中国本有的生命的学问的，并通过点醒、批评，甚至责骂，启发人由外在的提升而向内转以正视生命，由“存在的现实”而领悟“生命的学问”。

熊十力对于牟宗三的学问有决定性的影响。牟宗三说他在大学时代遇到熊先生，是他“生命中一件大事”。至于他自己，通过讲学、著作也吸引了许多仰慕者追随于他，执弟子之礼，向他问学。他的学生多数也是在存在的感受、时代的问题或文化的意识层面与他有真诚的呼应，对他讲的“生命的学问”“内容真理”有真切的体会。

熊十力与徐复观二人师生关系的最初机缘要追溯到1944年。当时徐复观身居要职，是一名陆军少将，他身着军服，到重庆北碚金刚碑勉仁书院初谒熊十力，请教熊十力应该读什么书。熊十力让他读王夫之的《读通鉴论》。徐复观颇为自得地说，那书早年已经读过了。熊十力带着不高兴的神情说：“你并没有读懂，应当再读。”

过了些时候，徐复观再去看熊十力，说《读通鉴论》已经读完了。熊十力问他有什么心得，徐复观便高谈阔论，接二连三地说出许多他不同意的地方。熊十力未听完便怒声斥骂道：“你这个东西，怎么会读得进书！任何书的内容，都是有好的地方，也有坏的地方。你为什么不先看出他的好的地方，却专门去挑坏的；这样读书，就是读了百部千部，你会受到书的什么益处？读书是要先看出他的好处，再批评他的坏处，这才像吃东西一样，经过消化而摄取了营养。……你这样读书，真太没有出息！”[1] 这一顿痛骂，骂得徐复观目瞪口呆。对他而言，这次见面无疑是醍醐灌顶。

正是熊十力“起死回生的一骂”，让徐复观重新找到了自己生命的方向和归宿。正如徐复观后来回忆时所说，这对他是起死回生的一骂，恐怕对于一切聪明自负，但并没有走进学问之门的人，都是起死回生的一骂。这次见面对徐复观后半生的影响甚巨，从此他决心步入学术之门。以后徐复观与熊十力见面，每谈到某一文化问题时，熊十力在听了他的议论后，总是带劝带骂地说：“你这东西，这种浮薄的看法，难道说我不曾想到？”这也可以说是当头棒喝。熊十力的用意无非是，我们读的书的内容，并不仅仅是与生命无关的外在知识，而是启发自身内在德性的助缘，读书的最终目的是成德，是学以为己，不是学以为人，更何况如果连知识层面的问题都没弄清楚，怎么能说得上是读书呢？

因受到熊十力的不断锤炼，徐复观才从个人的浮浅中挣扎上来，不再被浮浅的风气淹没下去，从而找到了自己的精神方向，将满腔热情倾注于中华文化的传承。徐复观后来在

---

1 徐复观：《我的读书生活》，《徐复观文录选粹》，台北：学生书局，1980，第315页。

回忆这一经历时说："我决心扣（叩）学问之门的勇气，是启发自熊十力先生。对中国文化，从二十年的厌弃心理中转变过来，因而多有一点认识，也是得自熊先生的启示。"[1]

第三章讲到理学家兴办书院，现代新儒家也是以书院为依托，弘扬中国传统的道德心性之学，重振书院制度下养成德性、成就人格的儒家式教育。他们与宋明理学家一样，也遭遇到"为人之学"盛行，不过"为人之学"此前体现在以跻身科场为目标，此时则表现为囿于科学分科而徇物忘己。因此新儒家学者与宋明理学家一样，也有着书院情结，一些重要的现代书院是由他们创办的，如马一浮创办的复性书院，梁漱溟创办的勉仁书院，熊十力也是这两个书院的重要参与者。熊十力与徐复观的初次见面，就发生在勉仁书院，牟宗三也长期在此追随他。

1949年，钱穆、唐君毅等现代新儒家学者在香港创办新亚书院[2]，牟宗三与徐复观也曾长期讲学于此。新亚书院上溯宋明书院讲学精神，旁采欧洲大学导师制度，旨在承续中国传统文化，并使其与现代学术结合，强调求学与做人齐头并进、融通合一。唐君毅认为："教学最后的目标就是要成就一个个

1 同上页注。

2 1949年创立时名为亚洲文商学院，1950年改组并易名为新亚书院。

的‘人’。所以教学生如何做人是办学的第一义；传授知识与鼓励学术的研究是第二义；说到学校的课程的编排与学生们考试成绩的问题是第三义。”（《办学的三大义与教学的三大事——新亚书院一九五九年春季开学典礼会上讲词》）

与源自西方的现代教育注重知识的传授不同，中国传统教育以成就人格为根本目的。所谓人格教育，并不排斥知识的传授，但绝不止于知识的传授，而是围绕着人的生命而展开。当然，这里所指的生命，并非生物学意义上的自然生命，而是道德实践中的生命。因而中国传统教育，主要是从德性实践的角度出发，教导学生以自己的生命本身作为对象，由此而展开学、问、思、辨，最终达到成就仁德的根本目的。

“为人之学”只是传授知识系统，“为己之学”方能做到生命的完善。就像《新亚学规》对书院教育特点的概括：“中国宋代的书院教育是人物中心的，现代的大学教育是课程中心的。我们的书院精神是以各门课程来完成人物中心的，是以人物中心来传授各门课程的。”“每一个理想的人物，其自身即代表一门完整的学问。每一门理想的学问，其内容即形成一理想的人格。”[1]教育中应当努力做到寻求知识与成就人

1 钱穆：《新亚遗铎》，北京：生活·读书·新知三联书店，2004，第2页。

格的统一，学生通过师长来接触人类文化史上的伟大学者、伟大学业与事业，进而在寻求伟大学业与事业中完成自己的人格，切莫忘失了自己的人格来专为知识而求知识。

毫无疑问，源自西方的分科式的现代教育体系，对中国教育从传统到现代的转型产生了深远的影响，但也造成了分科的单一化、知识的平面化等诸多问题。教育有时候被忽略了其最根本的宗旨，即我们在成为“某种人”之前，首先要成为“人”。当然，提倡传统儒家式的教育，并不是要否定近代以来中国建立起来的现代教育体系，将其推翻而以书院代之，而是借鉴传统书院精神的合理之处以纠现代分科教育之偏，或者说是作为其适当的补充。

文化关键词

为己之学

以自我修养为目的的学问。儒家将“学”作为一种成就道德生命的方式。学者通过对经典和礼法的学习以及对圣贤的效法，不断培养自身的德性，以成就理想的人格。因此，“学”是一个自我修养的过程，是“为己”的。“学”并不是为了向他人展示自己的学问或德行，以获取外在的利益。

君子

“君子”最初用以指称人的社会身份与地位，一般指统治者和贵族男子。但自孔子始，“君子”更多地被赋予了道德的意义，德行出众者被称为“君子”，反之为“小人”。在儒家传统中，“君子”成为一种介乎士和圣贤之间的人格理想，它标志着道德人格的确立。“君子”有志于追寻和实践作为价值理想的“道”，并把“道”而不是权力或利益等视为生命意义的根本。

成人

具备了健全德性与全面技能的人。在古人看来，“成人”的标志并不是年龄的增长所带来的身体的成熟，而是通过学习、修养获得了健全的德性和全面的技能。“成人”需要具备智慧、勇气，能够节制自己的欲望，并掌握各种技能，从而恰当地应对、处理生活中的各种事务，使自己的言行始终合于道义。

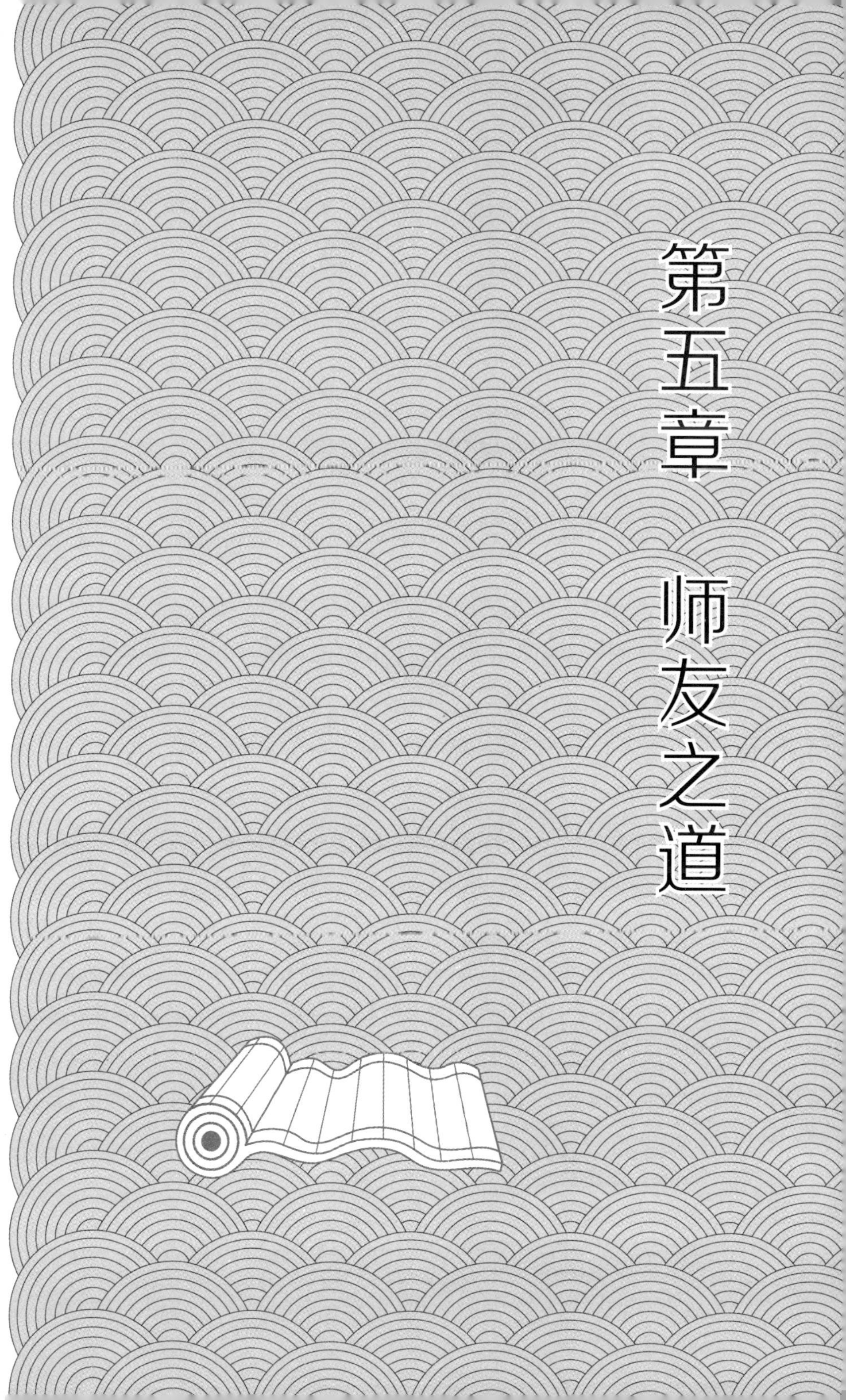

第五章　师友之道

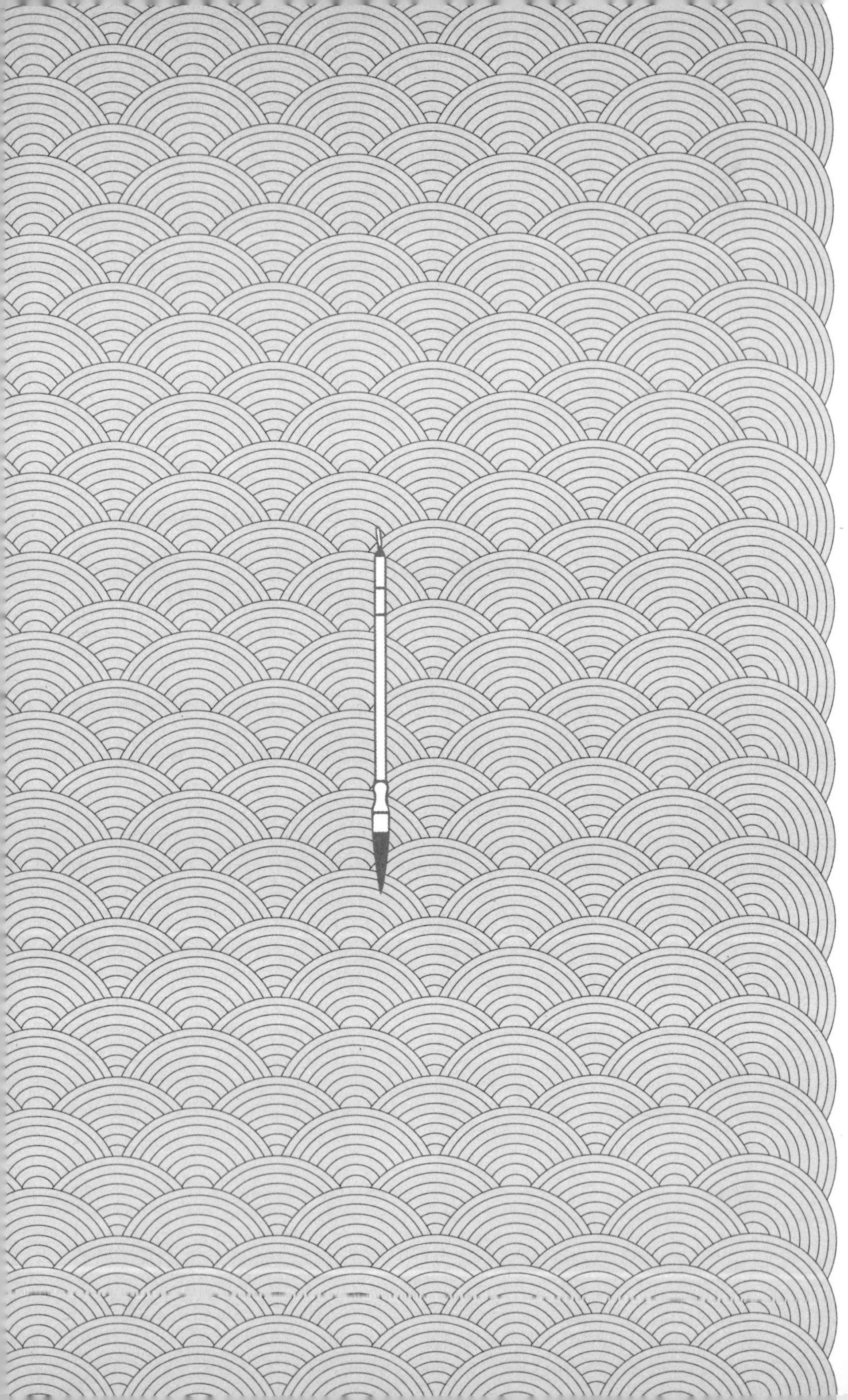

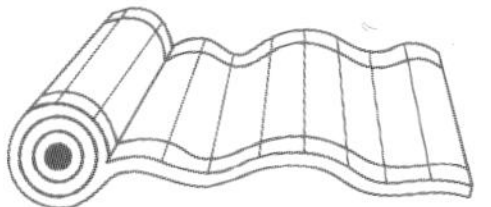

师友是老师和朋友的简称，泛指可以求教请益、切磋道义的人。韩愈说：“师者，所以传道受（授）业解惑也。”（《师说》）老师是传授道理、教授学业、解答疑难的人。朋友又可分为朋和友，“同门曰朋，同志曰友”，在同一个老师那里学习叫作朋，志趣相投的人称之为友。朋友在交往的过程中，一起研讨学习，相互切磋砥砺，提振精神，共同进步。

中国传统教育理念重视以成就道德人格为核心的“为己之学”，师友之道也以讲学修德、责善辅仁为其要旨。一个人的进德修业，自然需要老师的引导和朋友间的相互勉励。一方面，我们应该保持谦逊的态度，多向他人学习以提升自己；另一方面，我们在成就自己的同时，也要力所能及地帮助他人，努力使自己也成为别人的良师益友。通过彼此间的讲学修德、砥砺责善，建立基于道义而非私利的师友关系。

亲师取友

孔子施教，会随机指点，一部《论语》，便是孔子应答弟子、时人及弟子相与问答之言的生动记录。孟子也重视教育，他说："仁言不如仁声之入人深也，善政不如善教之得民也。善政，民畏之；善教，民爱之。善政得民财，善教得民心。"（《孟子·尽心上》）仁德的言语不如仁德的音乐深入人心，良好的政治不如良好的教育获得民心。良好的政治，百姓怕它；良好的教育，百姓爱它。良好的政治能聚敛到百姓的财富，良好的教育能赢得民众的心。

孟子将教育视为人生"三乐"之一。他说："君子有三乐，而王天下不与存焉。父母俱存，兄弟无故，一乐也；仰不愧于天，俯不怍于人，二乐也；得天下英才而教育之，三乐也。君子有三乐，而王天下不与存焉。"（《孟子·尽心上》）父母健在，兄弟无灾患，是第一种乐趣；抬头无愧于天，低头无愧于人，是第二种乐趣；得到天下优秀的人才而教育他们，是第三种乐趣。君子有这三种乐趣，用仁德统一天下不包括在内。

与现代注重成绩的应试教育不同，中国传统的教育旨在培养仁德，其目的是成就完美的道德生命，因此师友之间的切磋砥砺、互相扶持被放到了重要的位置，老师和朋友在我们成就人格过程中发挥着重要的作用。如果围绕在我们身边的都是一些仁德之士，他们的善言和善行，无形中会对我们有正面的影响。孔子说："里仁为美，择不处仁，焉得知？"（《里仁》）与仁德之人为邻才是好的。选择住处，如果不是跟有仁德的人在一起，非明智之举。这是强调培养仁德需有一个良好的氛围，尤其是在为学的初期。

古人重交游，重视师友之间的交往。人并不是孤立的存在，我们的成长离不开老师的指导和朋友的帮助。孔子说："三人行，必有我师焉：择其善者而从之，其不善者而改之。"（《述而》）几个人一起行走，其中必定有值得我取法的人。选择别人的优点去学习，看到别人的缺点，如果自己也有，就加以改正。孔子又说："当仁，不让于师。"（《卫灵公》）在仁德面前，即使是老师，也不同他谦逊。《论语》中孔子与弟子是师生一体的，孔子并非居高临下地板着面孔说教，他们的学习场景是活泼有趣的，彼此尊重，互取所长。

孟母三迁的故事大家都耳熟能详，孟子的母亲为了激励他勤奋好学，曾为选择环境而多次搬家，这个故事旨在说明周遭的环境对个人成长有重要影响。孟子本人很重视良师益

◆清 康涛《孟母教子图》（局部）

友间的切磋和勉励，他说："以友天下之善士为未足，又尚论古之人。颂其诗，读其书，不知其人，可乎？是以论其世也。是尚友也。"（《孟子・万章下》）朋友遍天下还嫌不够，那就追溯历史，与古人交朋友。诵他们的诗，读他们的书，研究他们所处的时代，这便是"知人论世"。

不过，孟子反对"好为人师"，很多人没有真正领会师友的精神，只学到了师者为尊的死板形式。《孟子・离娄下》讲到一个事情，上古时逢蒙师从后羿学射箭，完全获得了后羿的射艺，逢蒙便想，天下的人只有后羿比自己强，于是杀害了自己的老师，孟子认为，在这件事中后羿也有责任，因为老师不光应传授学生技艺，师生关系还应包含操行砥砺和德性塑造等方面。

荀子将"师友"放在一起谈论。他说："故非我而当者，吾师也；是我而当者，吾友也。"（《荀子・修身》）批评我批评得恰当，他便是我的老师；肯定我肯定得恰当，他便是我的朋友。"庸众驽散，则刦之以师友。"（《荀子・修身》）对庸俗散漫的人，就用良师益友来管教他。荀子认为在师友的影响下，人可以改变自己不好的习惯，所以荀子主张"隆师而亲友"（《荀子・修身》），也就是要尊重老师、亲近朋友。

荀子主张人性本恶，一个人优良道德品质的形成必须经过"师法之化"，也就是要经过师长和法度的教化。"人性

◆荀子画像

恶”，所以要“化性起伪”，通过后天的教化来改变人的本恶之性。要成为道德的人，就要“化师法，积文学，道礼义”(《荀子·性恶》)，然后才可能成为有修养的君子。这就是荀子说的“故必将有师法之化，礼义之道，然后出于辞让，合于文理，而归于治”(《荀子·性恶》)，一个社会只有在这种状态下，才能治理得井井有条、秩序井然。

荀子将教育定义为：“以善先人者谓之教。”(《荀子·修身》)用善良的言行来引导别人才叫作“教”。荀子重视良师益友的熏陶对人潜移默化的作用，他说：“夫人虽有性质美而心辩知，必将求贤师而事之，择良友而友之。得贤师而事之，则所闻者尧、舜、禹、汤之道也；得良友而友之，则所见者忠信敬让之行也。身日进于仁义而不自知也者，靡使然也。”(《荀子·性恶》)人即使有优良的素质和很好的辨别能力，也必须寻求并追随德才兼备的老师；还必须选择品质优秀的朋友，与他结交。找到并追随明师，那么所听到的都是尧、舜、禹、汤修身治国之道；得到良友并且与他交往，所见到的都是忠、信、敬、让的行为。自己一天天地趋向仁义，可自己还不知不觉，是潜移默化的影响使他这样的。

学无常师

“闻道有先后，术业有专攻。”善于向别人请教，这不仅是一个人谦虚的德行，更是一种学习的方法。韩愈说：“圣人无常师。孔子师郯子、苌弘、师襄、老聃。郯子之徒，其贤不及孔子。”（《师说》）孔子没有固定不变的老师，在自己不擅长的领域，他总是能够虚心地向别人请教。郯子、苌弘、师襄、老聃等人，孔子都曾向他们请教，因此孔子最终能成为圣人，为其他人所不及。孔子学无常师的例子告诉我们，要善于向别人学习，博采众长，这样才能不断提升自己。当然，这里的“师”，并不是我们现在所理解的狭义的老师，而是亦师亦友、相互促进的同道中人。

在汉代，经学的家学、师法界限分明，门户之见很深。有今古文经学之别，今文经学、古文经学各自又有各自之门户。各派皆备一说，互不相融。但是汉末经学家郑玄却打破这种成见，他先学习今文经学，又学习古文经学，网罗众家，成就己说，终成为一代经学大师。这是学无常师的例子。从中我们不难看出，学习不能局限在自己的领域，而是要虚怀若谷，保持开放性，广采众说，加以融会贯通，才能有所成。

《礼记·学记》说："玉不琢，不成器；人不学，不知道。是故古之王者建国君民，教学为先。"玉石不经雕琢，就不能变成好的器物，人不经过学习，就不会懂得道理；所以古代的君王，建立国家，治理民众，都将教育放在首要地位。清代学者章学诚说："东周以还，君师政教不合于一，于是人之学术，不尽出于官司之典守。"(《文史通义·史释》)随着社会的发展进步，"天子失官"，学术下移，私学兴起，教育有了一定的独立性，教师这个职业便越来越重要。《礼记·学记》曰："当其为师，则弗臣也。"《周易·蛊卦》曰："不事王侯，志可则也。"教师应当是那些具有独立人格的人，他们有着高尚的志操。

那么什么样的人才算得上是老师呢？《礼记·儒行》中说"衣冠中，动作慎"，要求教师穿戴要适宜，要不落饰、不怪异，一切动作举止要小心谨慎，勿失礼节。"儒有居处齐难，其坐起恭敬。言必先信，行必中正。道涂不争险易之利，冬夏不争阴阳之和。爱其死以有待也，养其身以有为也。"(《礼记·儒行》)这就是说，儒者在平日的起居中要庄敬整齐，以便行善道，如同孔子所言"言必信，行必果"，不为了私利与人争抢，爱惜生命以等待时机，修养身体以备有所作为，能做到"今世行之，后世以为楷"，所作所为可以成为后世的楷模，只有这样才能算得上是一位真正的儒者和老师。

具体来说，做一名教师需要什么样的素质呢？荀子说：“师术有四，而博习不与焉。尊严而惮，可以为师；耆艾而信，可以为师；诵说而不陵不犯，可以为师；知微而论，可以为师。故师术有四，而博习不与焉。水深而回，树落则粪本，弟子通利则思师。《诗》曰：‘无言不雠，无德不报。’此之谓也。”（《荀子·致士》）综合起来说，教师要有为师的尊严、威信，让学生信服；诵读、解说经典并在行动上不违背礼法；懂得精微的道理而又能加以阐述。这些条件提出了对教师的种种要求，包括了教师的职业意识、职业道德、知识水平、讲授水平等。同时，教师与学生也有着相互学习的关系，教学相长，相互促进。《诗经》上说，说话总会有应答，施恩总会有报答。讲的就是这个道理。

作为一名教师，除了应具备所教学科的专业知识外，还应掌握教育理论，懂得教育规律，善于施教，循循善诱，“记问之学，不足以为人师”（《礼记·学记》），仅凭死记硬背的学问是不足以胜任教师的工作的。古代尚且如此，在日新月异的现代社会，对教师的要求就更是如此了。所以教师必须不断进步，更新自己的知识。

我们又该如何选择老师呢？老子主张“贵师”，他认为对师必须有所选择然后从之，这与孔子“择其善者而从之”的说法相似。老子说：“故善人者，不善人之师；不善人者，善人之资。不贵其师，不爱其资，虽智大迷，是谓要妙。”（《老子·二十七章》）“善人”可以成为“不善人”的老师，这是很正常的，但是“不善之人”为何能成为“善人”之资呢？老子认为“不善人”可以作为反面教材，以资“善人”的借鉴。对于有高尚德行、优秀品质的人，我们应当尽可能地去学习他们的长处，而对于品行低下的人，我们应该引以为戒。

身为人之模范的师者，要以“达道”“成德”为根本，做到“忧道不忧贫”“安贫乐道”。《礼记·儒行》说：“儒有不宝金玉，而忠信以为宝；不祈土地，立义以为土地；不祈多积，多文以为富。”儒者不以金玉为宝，而将忠信当作宝；不祈求土地，将建立道义作为立身的土地；不祈求多积财物，学问大、才艺多就是他们的财富。孔子说：“君子固穷，小人穷斯滥矣！”（《卫灵公》）君子即便身处逆境，也会固守内心的操守；小人身处逆境，就容易胡作非为。当然，“君子固穷”固然是美德，但社会也应营造良好的环境，让德才兼备的人有更多的机会发挥自己的才能。

以友辅仁

曾子说：“君子以文会友，以友辅仁。”（《颜渊》）君子通过诗文来结交朋友，依靠朋友来培养仁德。成就仁德，虽然最根本的要素在于自身的觉悟，但朋友的助益也非常重要。

孔子说：“有朋自远方来，不亦乐乎？”（《学而》）有志同道合的人从远处来，不也是一件快乐的事情吗？儒家主张“为己之学”，“学”的目的不是为了追求物质上的享受，而是为了精神世界的完满和道德人格的完善。朋友从远方而来，与我们一起切磋琢磨，在讲学修德、切磋砥砺中提升彼此的道德人格和生命境界，这当然是快乐的事情了。

择友当然要有一定的标准。孔子说：“益者三友，损者三友。友直，友谅，友多闻，益矣。友便辟，友善柔，友便佞，损矣。”（《季氏》）其大意是，要同正直的人、诚信的人和见闻广博的人交朋友，与他们相交对我们改正自己的错误、提升自己的德行、增长自己的知识是有益处的，所以是益友；不要同谄媚的人、背后毁谤别人的人和夸夸其谈的人交朋友，与他们相交只会有损自己的内在仁德，所以是损友。孔子也说：“三人行，必有我师焉：择其善者而从之，其不善者而改之。”（《述而》）几个人一起走路，其中必定有值得我效仿的人。应当选择他们的优点去学习；他们的缺点，有则改之，无则加勉。

荀子同样认为交友要谨慎。《荀子·大略》篇说：“君人者不可以不慎取臣，匹夫不可以不慎取友。友者，所以相有也。道不同，何以相有也？均薪施火，火就燥；平地注水，水流湿。夫类之相从也，如此之著也，以友观人，焉所疑？取友善人，不可不慎，是德之基也。”君主不能不慎重选取臣下，普通人不能不慎重地选择朋友。朋友，是要互相亲善的，如果原则不相同，怎么能互相亲善呢？均匀地铺开草点上火，火总是向干燥的地方燃去；在平地倒水，水总是向低湿的地方流去。同类事物相互依存是这样明显。根据一个人的朋友来观察这个人，还有什么可疑的呢？选择朋友，不能不慎重，这是成就德行的基础。

据《世说新语·德行》记载：“管宁、华歆共园中锄菜，见地有片金，管挥锄与瓦石不异，华捉而掷去之。又尝同席读书，有乘轩冕过门者，宁读如故，歆废书出看。宁割席分坐，曰：‘子非吾友也。’”这是有名的管宁割席的典故。其大意是说，管宁、华歆一起在园中锄菜，看见地上有小片金子，管宁依旧挥动着锄头，就像是看到了瓦片石头一样，华歆则拾起金子把它扔掉。他们二人曾经坐在同一张席子上读书，有位官员从门前经过，管宁读书如故，华歆却放下书出去观看。管宁就割断席子和华歆分开坐，说你不是我的朋友。管宁、华歆在锄菜见金、见轩冕过门时的不同表现，显示出二人德行的高下。

华歆贪慕虚荣，所以管宁割席断义。或许有人会觉得，管宁择友的标准过于严苛。但试想，如果志不同、道不合，又怎么能真正做朋友呢？当然，对于素昧平生的人，我们的确不能这样苛求，须如孔子所言，“躬自厚而薄责于人”(《卫灵公》)，严格要求自己，少责备别人。

孔子说：“见贤思齐焉，见不贤而内自省也。”(《里仁》)我们应该以身边的贤友为镜，修养自身。唐太宗也推崇“以人为镜，可以明得失”。真正的益友就是那些能够以良善的言行对你进行潜移默化的人，他们就像镜子一样，通过对比让我们知道自己的过失在哪里，自己哪些方面还需要改进。择友不可以不慎。当然，选择良师益友，不仅是对别人的要求，也是对自己的要求。我们不仅要去结交道德高尚的朋友，同时我们也要修身养德，成为别人值得结交的益友。

孔子对如何与朋友相处也提出了一些要求。首先，对朋友要以诚相待，真心实意。孔子在提到自己的志向时说：“老者安之，朋友信之，少者怀之。”(《公冶长》)孔子的志向是，对于老年人，要使他安逸，对于朋友，要使他信任我，对于年轻人，要使他怀念我。在他看来，朋友之间应该做到推诚相与、信实无私。朋友去世了，也要真心诚意地尽到朋友之责。据《乡党》篇，朋友去世，没有负责收殓的人，孔子便说“于我殡”，意思是说丧葬由我来料理。孔子的弟子曾子将是否真诚地对待朋友，作为自己每天反省的内容之一，他说：“吾日三省吾身：为人谋而不忠乎？与朋友交而不信乎？传不习乎？”（《学而》）曾子每天多次反省自己：替别人办事是否尽心竭力了呢？同朋友往来是否以诚相待了呢？老师传授我的学业是否复习了呢？

历史上的管鲍之交就是以诚待友的典范。管仲和鲍叔牙是朋友，在二人合伙做生意的时候，赚了钱，管仲总会多分一些，虽然他出的本钱并没有鲍叔牙多。鲍叔牙身边的人都说管仲贪婪，鲍叔牙却为管仲解释，说他是自愿让利的，因为管仲的家境不好，更需要钱。

后来，鲍叔牙和管仲一起参军。每次行军打仗，进攻的时候管仲总是落在队伍的后面，撤退时却跑到了队伍的前面。大家都说管仲胆怯，鲍叔牙却解释说，管仲家里有老母亲要奉养，我们应该多体谅才对。管仲听到这些话，深有感触地说：“生我者父母，知我者鲍子也。”管仲和鲍叔牙就这样结成了生死之交。

齐国内乱，鲍叔牙辅佐公子小白，管仲辅佐公子纠。为了帮公子纠当上国君，管仲差一点射死公子小白。在争夺君位的过程中，公子纠失败，公子小白成为齐国国君（齐桓公）。但是，鲍叔牙却竭力向齐桓公推荐管仲，管仲因此受到齐桓公的重用，而他自己甘愿做管仲的手下。管仲辅佐齐桓公，齐国逐渐强大起来，九合诸侯，一匡天下，最终成就了霸业。鲍叔牙对待管仲，可谓真心实意、推诚相与。

其次，与朋友相处要符合中道，既不要做得太过，也不能不讲原则。比如说，即便我们诚心想帮助朋友，如果对方不接受，也不要强加于人，伤了对方的自尊心。子贡问与朋友的相处之道，孔子说："忠告而善道之，不可则止，毋自辱焉。"（《颜渊》）我们对朋友要忠言相告，好好地引导，如果不听从也就罢了，不要自找侮辱。又比如说，我们不能因为交朋友而违反原则。孔子说过很多这样的话，如他说"君子矜而不争，群而不党"（《卫灵公》），君子矜持庄重而不与人争执，合群但不放弃原则而与人结成宗派；又说"君子和而不同，小人同而不和"（《子路》），在人际交往中，君子能够与他人保持和谐友善的关系，但对具体问题的看法不苟同于对方，小人只是盲从附和，却不肯表示自己的不同意见。

其三，与朋友相处要讲究适当的方法。如孔子说："侍于君子有三愆：言未及之而言谓之躁，言及之而不言谓之隐，未见颜色而言谓之瞽。”（《季氏》）意思是说，与君子交谈容易犯三种过失：未到他说话，却先说，叫作急躁；该说话了，却不说，叫作隐瞒；不看看君子的脸色便贸然开口，叫作盲目。所以与朋友相处要讲究一定的方法，不然就会犯这样或那样的过失。

孟子的交友观则更加注重彼此之间精神上的平等，不论你拥有多么优越的条件，也不论你身处多高的地位，在交友的过程中都不能有任何因有所倚仗而傲慢的心理。朋友以德相交，彼此在人格层面都是平等的，并没有高低贵贱之别。

孟子的弟子万章向孟子询问交朋友的原则，孟子回答说：“不挟长，不挟贵，不挟兄弟而友。友也者，友其德也，不可以有挟也。”（《孟子・万章下》）不倚仗自己年纪大，不倚仗自己地位高，不倚仗自己兄弟的富贵。交朋友，是因为朋友的品德而去结交他，因此心中不能存在任何有倚仗的观念。孟子列举了四个交友的例子：

第一个例子是关于孟献子的，他是位拥有一百辆车马的大夫，有乐正裘、牧仲等五位朋友。孟献子虽身居大夫之位，但是他同这五位朋友相交，自己心中并不存有自己是大夫的观念。而这五位的心目中也不存着献子是位大夫的观念。

第二个例子讲一个小国的国君费惠公，他将子思视为自己的老师，将颜般视为与自己平等的朋友，而将他的下属王顺和长息等人看成替他工作的人。

第三个例子是大国国君晋平公，晋平公对待寒士亥唐甚是恭敬有礼。有一次晋平公去拜访亥唐，亥唐叫他进去，他便进去；叫他坐，他便坐；叫他吃饭，他便吃饭。虽然吃的是糙米饭、小菜汤，晋平公也没有不吃饱的，因为他不敢不吃饱。然而孟子认为这只是一般士人尊敬贤者的态度，不是王公尊敬贤者所应有的态度。因为晋平公不同亥唐一起共有官位，不同他一起治理政事，不同他一起享有俸禄，对于一个大国的国君来说，仅做到晋平公这样还是不够的。

第四个例子是讲尧舜。舜谒见尧，尧就请他住在另一处官邸中。尧请舜吃饭，舜也请尧吃饭，他们两个人互为客人和主人。孟子认为这是以天子的高位与普通百姓交友的范例。

所以孟子说："用下敬上，谓之贵贵；用上敬下，谓之尊贤。贵贵尊贤，其义一也。"（《孟子·万章下》）地位低的人尊敬地位高的人，这叫尊敬贵人；地位高的人尊敬地位低的人，这叫尊敬贤者。尊敬贵人和尊敬贤者，道理都是相同的。

中国文化中有很多形容朋友交往的词语，如金兰之交、莫逆之交、贫贱之交、患难之交、道义之交、忘年之交、刎颈之交、淡水之交、竹马之交等等。从中不难看出，真正的朋友之间的交往，是与年岁的长幼、地位的高低、身份的贵贱、处境的好坏、财富的多寡等外在因素无关的，朋友之间，人格是平等的，彼此在交往的过程中切磋砥砺、提振精神，相互勉励、共同进步。在这个意义上，我们或许可以说，朋友之间，起点是德，归宿也是德。

以友辅仁强调在求仁过程中良师益友的重要性。不过，我们虽然可以通过良师益友的帮助，来提高自身的道德和学问，但师友的作用毕竟是“辅”。如果一个人对仁德没有最起码的觉悟，别人再多的帮助对他也起不了作用。求仁的根本工夫还须依靠自己，离不开自己的勇气、毅力和决心。孔子说：“我欲仁，斯仁至矣！”（《述而》）

真正志于仁德之人，何患无友？孔子说：“德不孤，必有邻。”（《里仁》）当我们真正立志于修身养德，有了一定的德行之后，自然会吸引志趣相投的良师益友。俞伯牙与钟子期高山流水的故事告诉我们，有德之人总会遇到知音，志同道合的人总有机会相聚在一起，正所谓“莫愁前路无知己，天下谁人不识君”。

文化关键词

尊师重道

尊敬老师，崇尚道义。“道”即宇宙的普遍法则、世间的真理和道义等。尊师是中华民族的传统美德，重道是中华传统文化的重要特质。“师”是“道”的载体和传播者，所以尊师和重道是一体两面的关系。它自古即被认为是国家兴旺发达的重要前提，也是政治清明的重要标志。

蒙以养正

通过教育，使人摆脱蒙昧，归于正道（一说从童年开始就要施以正确的教育）。“蒙”即蒙昧、幼稚、无知；“养”即培养、教育；“正”即正道或端正的品性。作为中华教育智慧，“蒙以养正”揭示了教育的功能和价值。

转益多师

尽可能博采众长，以丰富自己的文艺创作。“转益”意为辗转自益，只要对自己创作有益的东西都应该加以学习吸收；“多师”谓广泛师法，不必专学一家。出自唐代诗人杜甫《戏为六绝句》。它包含相互联系的两个方面：其一，尽可能广泛学习、师法古人或时贤的创作经验，博采众长，兼收并蓄；其二，在无所不师的同时既有继承也要有所批判。只有这样，才能合乎或接近《诗经》的风雅传统，形成自己的艺术风格。后来这一术语的使用范围由诗歌创作而扩展至文学艺术等各个领域。

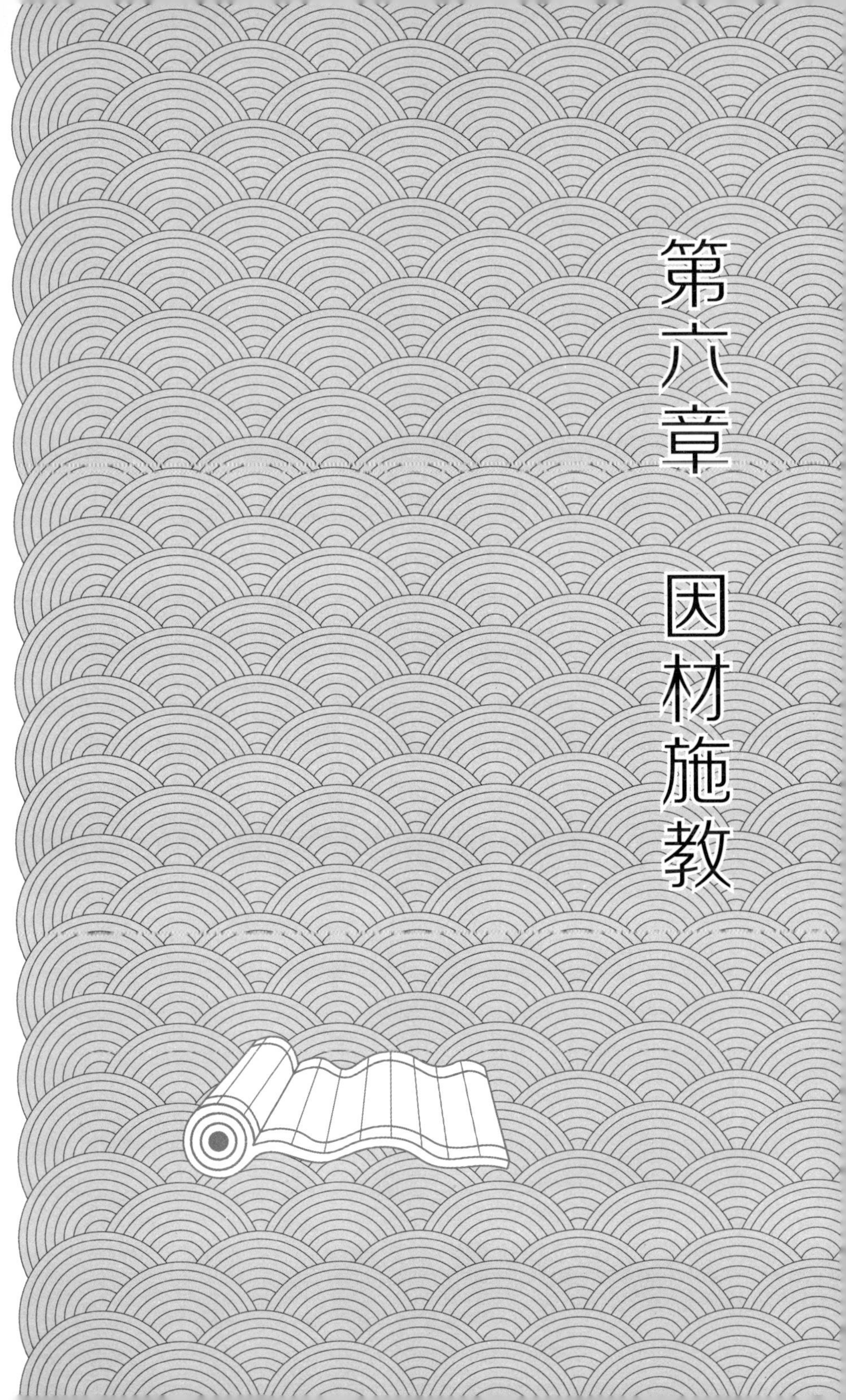

第六章　因材施教

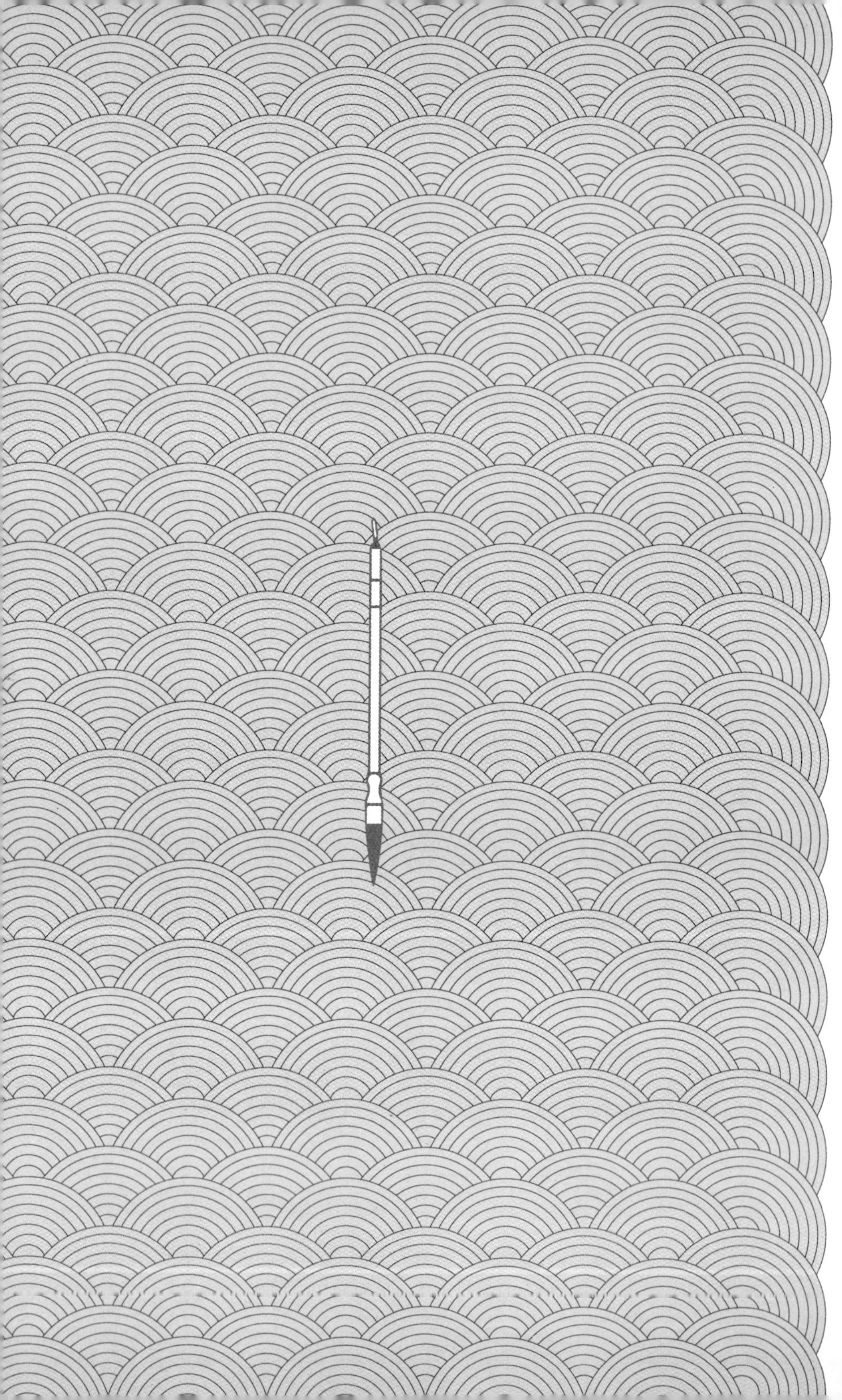

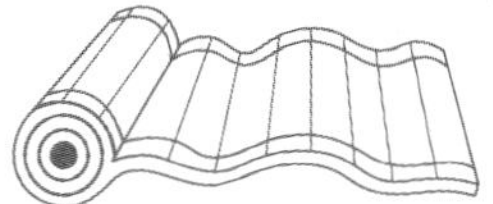

因材施教是指依据学习者的能力、性格、志趣等具体情况施行不同的教育。教师只有在充分认识并理解不同学生学习特质的基础上，才能展开真正有效的教育。就中国文化的主流思想而言，特别是在孟子学传统中，德性是内在的，因此人格境界的提升是自己的事，最终只能通过躬身践履来实现。在教育中，学习者是真正的主体，而他们自身的性格、志向和能力不尽相同，这就决定了一种讲授和记诵之法难以达到效果。教师必须针对学生的特质和志趣，采用不同的、启发式的教学原则和方法，才能使学生真正成就人格。

宋代理学家程颐从孔子与其弟子的教育实践活动中，概括出："孔子教人，各因其材，有以政事入者，有以言语入者，有以德行入者。"（《二程遗书》卷十九）孟子也曾经说："君子之所以教者五：有如时雨化之者，有成德者，有达财者，有答问者，有私淑艾者。此五者，君子之所以教也。”（《孟子·尽心上》）孟子这里所概括的五种教育方式，其实正是对不同特质的学生所采用的不同的教育方法。

因材施教

人的本性相近，但人与人之间难免会有个体差异，因此孔子主张“因材施教”，即根据弟子们的不同特质，施予不同的教育方法。重视人的个体差异，是“因材施教”原则的理论基础。即使是对待同一问题，孔子也会根据学生的不同情况和提问时的不同境遇，随机点拨，做出不同回答。我们先来看《论语》中的如下三段文字：

> 柴也愚，参也鲁，师也辟，由也喭。（《先进》）
>
> 季康子问：“仲由可使从政也与？”子曰：“由也果，于从政乎何有？”曰：“赐也可使从政也与？”曰：“赐也达，于从政乎何有？”曰：“求也可使从政也与？”曰：“求也艺，于从政乎何有？”（《雍也》）
>
> 闵子侍侧，訚訚如也；子路，行行如也；冉有、子贡，侃侃如也。子乐。“若由也，不得其死然。”（《先进》）

这三段文字，颇能说明孔子对其弟子不同特质的深切认识。第一段文字的意思是说，子羔愚直，子舆迟钝，子张偏

——◆《至圣先贤半身像》之颜回、子贡

激，子路鲁莽，四人性格迥异，这是从个性差异着眼。中间这段话中，季康子问子路、子贡、子有三人能否治理政事，孔子说子路果敢决断，子贡通情达理，子有多才多艺，三人各有所长，他们管理政治事务没有任何困难，这是从个人素质着眼。第三段文字是从个人内在的道德修养及由此展现的外在的容止风度的角度来谈弟子们的差异。子骞侍立在孔子身旁，是恭敬而正直的样子；子路是勇毅刚强的样子；冉有、子贡是温和而快乐的样子。几人气质不同，各有所长。孔子很高兴，但又担心子路可能因此而不得善终。

据《史记·仲尼弟子列传》："子路性鄙，好勇力，志伉直，冠雄鸡，佩豭豚，陵暴孔子。孔子设礼稍诱子路，子路后儒服委质，因门人请为弟子。"子路性情粗朴，喜欢逞勇斗力。他头戴雄鸡式的帽子，并佩带宝剑，曾经陵暴孔子。孔子用礼乐慢慢地诱导他，后来子路穿着儒服，带着拜师的礼物，通过孔子的门人请求做孔子的学生，最终成为孔门高足。子路的率直在《论语》中多有记载，他敢于对孔子提出批评，在师友言谈中敢于率先发言，等等。也正是基于对子路好勇个性的深刻认知，孔子引导他要将伸张正义的大勇与一般的逞勇好斗区分开，孔子告诫他说："君子义以为上。君子有勇而无义为乱，小人有勇而无义为盗。"（《阳货》）大意是说，君子只有勇没有义，就会捣乱造反；小人只有勇没

◆明 佚名《孔子圣迹图》之《子路问津》

有义，就会做土匪盗贼。

《先进》篇记载了这样一件事。子路问："闻斯行诸？"子曰："有父兄在，如之何其闻斯行之？"冉有问："闻斯行诸？"子曰："闻斯行之。"公西华曰："由也问闻斯行诸，子曰，'有父兄在'；求也问闻斯行诸，子曰，'闻斯行之'。赤也惑，敢问。"子曰："求也退，故进之；由也兼人，故退之。"

这则材料是孔子因材施教的生动说明。子路问："听到了就该去做吗？"孔子回答："家有父兄在，怎么能一听到就去做呢？"冉有问："听到了就该去做吗？"孔子回答："听到了就该去做。"公西华问："仲由问听到了就该去做吗，您说有父兄在；冉求也问听到了就该去做吗，您说听到了就该去做。我很困惑（两个人问题相同，而您的答复相反），大胆再问问。"孔子说："冉求总是退缩，所以我鼓励他；仲由好勇过人，所以我约束他。"这段对话充分地体现了孔子因材施教的思想。因冉有行事胆怯，孔子就激励他大胆行事；而子路做事好冲动，所以就约束他。

不难看出，孔子对学生非常了解，在解答学生的疑问时，纵然是同一个问题，因问者不同，他给的答复也不同。《论语》中弟子问仁，孔子从不同侧面给予回答，这也是因材施教的突出例子。如《颜渊》篇开头一连三章，颜回、仲弓、司马牛分别问孔子是什么是“仁”，孔子给出了三种答案。

孔子对颜回说：“克己复礼为仁。”其大意是说，要克制自己，使言语行动都合于礼。颜回一听便心领神会，又问其具体条目。孔子便兴致勃勃地讲了仁的“四目”，曰：“非礼勿视，非礼勿听，非礼勿言，非礼勿动。”意思是说，不符合礼的事不看，不符合礼的话不听，不符合礼的话不说，不符合礼的事不做。朱熹评论《论语》中这一章“乃传授心法切要之言。非至明不能察其机，非至健不能致其决，故惟颜子得闻之”。孔子数称“贤哉回也”，表现出对颜回的充分信任和嘉许。

仲弓问仁，孔子回答说：“出门如见大宾，使民如承大祭。己所不欲，勿施于人。在邦无怨，在家无怨。”大意是说，出门办事如同去接待贵宾，役使百姓如同去进行重大的祭祀，都得认真严肃，小心谨慎。自己不愿意要的东西，不要强加于别人。做到在诸侯的朝廷上没人怨恨自己，在卿大夫的封地里也没人怨恨自己。

司马牛问仁，孔子说：“仁者，其言也讱。”意思是说，有仁德的人说话迟钝。司马牛问的是“仁”，而孔子答的却是“仁者”。因为司马牛多言而浮躁，孔子实际上是通过解释“仁”来告诫他，促使他以后注意改正缺点罢了。

在《颜渊》篇其他章节，樊迟问仁，孔子回答说：“爱人。”又如在其他篇里，子贡问仁，孔子却说：“己欲立而立人，己欲达而达人。”（《雍也》）子贡名端木赐，利口巧辩，善做生意，家境富裕。子贡有志于仁，每天想要博施济众，但徒事高远，眼高手低，不知从何做起。孔子教他应该从身边做起，可以说教给子贡一个“仁之方”。

以上孔子对“仁”的不同解释，都是根据学生的不同情况提出的，具有针对性。可见，因材施教是一种行之有效的教育方式。孔门三千弟子，七十二贤人，难道不是对这种方式最好的证明吗？

明代思想家王阳明授徒，也秉持因材施教的原则。他一生讲学不止，门下弟子众多，他针对弟子不同的特点，采用不同的教育方法。在与顾璘的书信中，他说到自己的教育理念：“学校之中，惟以成德为事，而才能之异，或有长于礼乐、长于政教、长于水土播植者，则就其成德，而因使益精其能于学校之中。”（《传习录》中）在他看来，只要弟子是以成就德性为目的，就应当予以鼓励，并且应根据他们实际的才能差异，使其长处愈加精进。

我们来看一个例子。某天，弟子王汝止出游归来，王阳明问：你这次出游有何见闻？王汝止回答说：我看见满街人都是圣人。王阳明便说道：你看满街人是圣人，满街人倒看你是圣人在。又有一天，弟子董萝石出游归来，看到老师后说：我这次出游看到一件奇怪的事情。王阳明便问道：有什么奇怪的事情？董萝石说：我看见满街的人都是圣人。王阳明便说道：这是很平常的事情，有什么好奇怪的？（原文见《传习录》下）先不说“满街人都是圣人”这句话如何理解，我们看王阳明的施教方式。对于弟子们相同的说法，王阳明却做出了不同的指点。依照钱德洪的评价，王汝止锋芒太露，而董萝石似乎恍然有所得，因而王阳明根据他们不同的特点对他们予以启发。

在现代，马一浮秉持儒家因材施教的教育方法，主张根据学生的智力、性格、志向、态度等各方面的差异，有针对性地施教。在教学实践中，他于讲论之外，另开问答一门。所谓问答，“乃欲曲顺来机，加以接引，观其资质所近，察其习气所偏，视其志趣所向，就其解会所及，纳约自牖，启其本心之明，应病与药，救其歧路之失。随感而应，其用无方，祭海先河，庶几知本”。[1] 在他看来，设置这一环节有助于及时了解学生们的资质、志趣及理解程度，并根据他们不同的特点进行有针对性的教育与点拨。讲论之中当然也有启发，但主要是知识的传授；问答则是随机点拨，指引的意义居多。

1 马一浮：《泰和宜山会语》，《马一浮全集（第一册上）》，杭州：浙江古籍出版社，2013，第51页。

马一浮曾借用佛教“四悉檀”之说，对因材施教的教育方法加以解释，并以《论语》中孔子与弟子关于“仁”的问答为例。所谓“四悉檀”，是佛教中指佛陀用以教化、成就众生的四种方法的说法。马一浮说：

> 学者第一事便要识仁，故孔门问“仁”者最多。孔子一一随机而答，咸具四种悉檀，此是《诗》教妙义。（四悉檀者出天台教义，悉言遍，檀言施。华、梵兼举也。一世界悉檀，世界为隔别分限之义，人之根器各有所限，随宜分别，次第为说，名世界悉檀。二为人悉檀，即谓因材施教，专为此一类机说，令其得入，名为人悉檀。三对治悉檀，谓应病与药，对治其人病痛而说。四第一义悉檀，即称理而说也。）如樊迟问仁，子曰“爱人”；问知，子曰“知人”：世界悉檀也。答子贡曰“己欲立而立人，己欲达而达人，能近取譬，可谓仁之方也已”：为人悉檀也。答司马牛曰“仁者，其言也讱”，答樊迟曰“仁者先难而后获”：对治悉檀也。答颜渊曰“一日克己复礼，天下归仁焉”：第一义悉檀也。[1]

1 马一浮：《复性书院讲录》，《马一浮全集（第一册上）》，杭州：浙江古籍出版社，2013，第136—137页。

其中“为人悉檀”“对治悉檀”即含因材施教之意。前者是指根据各人根基、能力、性格、爱好的差异，教之以不同的方法。后者是指针对各人不同的病痛和缺点，形成不同的治疗改正方法，有针对性地去除病痛和缺点。

循循善诱

儒家所倡导的教育不是填鸭式的知识灌输，也不是简单的道德说教，而是一种启发、引导式的教育。正如《礼记·学记》中所说："故君子之教喻也，道而弗牵，强而弗抑，开而弗达。道而弗牵则和，强而弗抑则易，开而弗达则思。"其大意是说，好的老师对学生的教育，应当是引导而不是强迫，多给学生鼓励，不要去压抑他们的想法，对于学生们的疑惑应当给予启发而不是直接告诉答案。引导而不去强迫，就能使师生关系和谐；对学生多鼓励而不去一味压抑，学生在学习时就会感觉到比较轻松；多用启发而不直接说透，就能促使学生自主地去展开思考。

这种教育并不是将某些外在的、强制性的人文规范、知识体系灌输给受教育者。这些人文规范、知识体系均具有内在的人性依据，因此，受教育者并非被动地接受这些知识，而是自觉地体认它们。就此而言，教育的过程是启发学生独立探索、自我发现的过程，使他们能自明自晓、自行提高。

孔子的得意门生颜回曾称赞孔子的学问及其教学方法说："仰之弥高，钻之弥坚，瞻之在前，忽焉在后。夫子循循然善诱人，博我以文，约我以礼，欲罢不能。”（《子罕》）意思是说，我抬头仰望，越望越觉得高；我努力钻研，越钻研越觉得不可穷尽。看着它好像在前面，忽然又像在后面。老师善于循序渐进地启发我，用各种文章典籍来丰富我的知识，又用一定的礼节规范来约束我的行为，使得我想停止学习都不可能。

孔子采用循循善诱的方式来启发和教育学生，他并不是把现成的知识和盘托出，而是常常给学生留下思考的余地。《论语》中“举一反三”“闻一以知二”“闻一以知十”“告诸往而知来者”，讲的都是施教者的“善诱”“启发”，学生由此而自求、自省、自得、触类旁通的道理。

孟子说得更直接：“学问之道无他，求其放心而已矣。”（《孟子·告子上》）。他认为仁义内在于人心，是人皆有之的天赋德性，是人之为善的根源，此即“本心”“良知”，它为人所固有，“思则得之，不思则不得”（《孟子·告子上》）。人之所以“为不善”，是因为良知受到蒙蔽，因此学习就是“求其放心”，找回丢失的本心，并培养呵护，扩而充之。“放心”并不是没有“心”，而是丢失了“心”，就像丢失鸡犬，其实鸡犬还在。因此，老师对于弟子，只是居于诱导启发的位置，一个人成德，最终还是要靠他自己，正如孟子说的“归而求之”（《孟子·告子下》）。教育只是启发我们自觉到自己本心、本性。

在具体的教学实践中，孟子主张采用启发式的教学方式。在他所谓“君子之所以教者五”中，第一种便是“时雨化之者”。孟子认为，不锄草不好，揠苗助长也不好，好的教育方式应该像及时雨一样滋润化育，让学习者自省自得。孟子说：“君子引而不发，跃如也，中道而立，能者从之。”(《孟子·尽心上》)君子只引导而不发表见解，就像射手一样，张满弓，搭上箭，但引而不发，只是做出跃跃欲试的样子，君子以这种方式来启发诱导学生。

南宋理学家李侗也重视启发学生，他认为教育并不是灌输，而是要创造契机让学生自己体会领悟，这一方法在他对朱熹的指导上表现得尤为突出。朱熹年轻时曾浸润于禅学之中，想从中寻找到通往内圣的道路，但多年苦读之后仍“未有所得”，于是前往拜见李侗，希望得到他的指点。

第一次见面时，朱熹对自己的所学颇为自信，对李侗所讲半信半疑，并不完全信服。李侗知道此时朱熹自视甚高，因此并未以老师的身份，居高临下将他呵斥一番，甚至连他的错误也没当面给他指出来，只叫他回去以后多看圣贤言语，意思是让他多看儒家经典。

虽然，朱熹对李侗“心疑不服”，但还是遵从其指导，潜心研读。随着阅读的深入，他发现“读来读去，一日复一日，觉得圣贤言语渐渐有味。却回头看释氏之说，渐渐破绽罅漏百出”（《朱子语类》卷一百四）。经过李侗点拨，朱熹在阅读经典的过程中，对孔孟之道有了新的认识，最终回归儒学。

李侗还一改自己长期静坐独思的习惯，多次与朱熹涉足于南平的山水之间，悠游九峰山，论道磐陀石，切磋研学。为解答朱熹的疑难，他倾其所学，最终收到了“洒然冰解”“融释脱落”的成效。

现代儒者马一浮也重视教学过程中老师与学生的相互感应，他说：“有感必有应，所应复为感，其感又有应，如是则无穷。某今日所言，只患不能感动诸生，不患诸生不能应。若诸生不是漠然听而不闻，则他日必可发生影响。”[1] 见闻之知与德性之知是不同的，传授的方法也不相同。前者是记问之学，后者则是生命体悟。严格说起来，见闻之知的传授不需要感应，因为它是外延真理，是客观的知识。德性之知是内容真理，良知是每个人都先天具有的，不过，它可能被蒙蔽，也就是孟子说的“陷溺其心”，教育只是启发我们自觉到它的存在，使它呈现出来。有感应，师生便是一体的，这也正是从游之义。

1 马一浮：《泰和宜山会语》，《马一浮全集（第一册上）》，杭州：浙江古籍出版社，2013，第3页。

时代不同，教学的目标与教学的方法自然也会不同，但因材施教作为一项教学原则，仍然行之有效。针对学生的实际予以启发和引导，既能培养学生的学习能力，也有助于提升他们的学习兴趣。一个人只有对他所从事的事业有了浓厚兴趣，才会全身心地投入，才会真正能够有所发现。

三

教学相长

“教学相长”是《礼记·学记》提出的一项重要的教育或教学的原则。据《学记》：“是故学然后知不足，教然后知困。知不足，然后能自反也；知困，然后能自强也。故曰：教学相长也。《兑命》曰‘学学半’，其此之谓乎！”只有经过学习，才会发现自己所知有限；只有经过教学实践，才会发现自己的困惑之处。知道自己所知有限，便能自我反省，督促自己加紧学习；发现自己的困惑，才能自我振奋，鞭策自己努力进修。所以说，教与学是相辅相成、相互促进的。正如《尚书·说命》说：教人学习与自己学习，所获益处是相等的。

《论语》中多处记载了孔子和弟子之间讨论并相互启发的场景。有一次，子夏向孔子问诗：“‘巧笑倩兮，美目盼兮，素以为绚兮。’何谓也？”子曰：“绘事后素。”曰：“礼后乎？”子曰：“起予者商也！始可与言《诗》已矣。”（《八佾》）对于子夏的提问，孔子回答说，这几句诗的含义是指在绘画中，应当先画各种彩色，然后再用白色勾勒，彩色再绚丽多姿，也需要最后用白色来勾勒。子夏听完之后，立刻能有所领悟，并联想到仁义和礼的关系：礼的作用就相当于“素”，仁义是内在的，礼是外在的，一个人即使拥有了仁义，也还需要外在的礼来约束。听完子夏的话，孔子也大受启发，给了他很高的评价。孔子并不因为自己是老师就高高在上，相反，他在教学过程中能与学生互动，虚心听取学生的观点，并从中体悟到新的内容。这既是启发式教学的一种运用，也是教学相长的一个例子。

韩愈继承与发展了《礼记·学记》中“教学相长”的思想，提出“相互为师”的主张。他说：“无贵无贱，无长无少，道之所存，师之所存也。”从师问道，没有贵贱之分，也没有长幼之别，道存在的地方，就是老师在的地方。韩愈夸赞巫医、乐师等，认为他们不以相互为师、相互学习为耻，以此来反讽当时的士大夫自命清高、耻学于师的陋习。所以他说：“是故弟子不必不如师，师不必贤于弟子。闻道有先后，术业有专攻，如是而已。”（《师说》）学生不一定不如老师，老师不一定比学生贤能，学到知识有早有晚，学问技艺各有专长，如此而已。

教与学是互动互济、辩证统一的。教学过程并非只是教师影响学生的单向过程，而是师生相互影响、相互促进的双向过程。从教师方面来说，教的过程也是学习的过程，在教中学，两者相互促进。从学生方面来说，从教师的教授中获得知识，但仍需自己努力学习。教因学而得益，学因教而日进；教能助长学，学也能助长教。这种相互促进，不仅表现在教与学的关系上，也表现在教师与学生的关系上。[1] 教学相长蕴含的教学双方相互影响、互为主体客体的思想，是具有现代教育智慧的。

1 参见郭齐勇解读:《礼记（节选）》，北京：科学出版社，2020，第275—276页。

文化关键词

不愤不启，不悱不发

教导学生，不到他想弄明白而不得的时候，不去开导他；不到他想说却说不出来的时候，不去启发他。“愤”是将懂未懂时非常着急的状态，“启”即开导、引导，“悱”是想表达但表达不出来心里郁闷的状态，“发”即阐发、说明。这是孔子提出的教育智慧。它强调学生在教学过程中的主体地位。现代中国教学论中的“启发性原则”即渊源于此。

教学相长

教与学相互促进，教师与学生相互提升。中国古人早已认识到，教学过程不只是教师影响学生的单向过程，而是师生交互影响的双向过程；在此过程中，教学双方都不断取得进步和提高。其中蕴含着教学双方互为主客体的观点，颇具现代教育智慧。

授人以渔

把捕鱼的方法传授给别人。授：给予，传授。渔：捕鱼。原话是“授人以鱼，不如授人以渔”，意思是，把鱼给予别人，不如把捕鱼的方法传授给他。其喻义为：与其直接给人某种东西，不如教人学会如何获得它的方法，使他能够通过自身的努力获得这种东西。其蕴含的道理主要有：其一，在目标已定的情况下，达到目标的方法更重要；其二，帮助他人及管理他人的长远有效的方法是使人自立。

第七章　学思并进

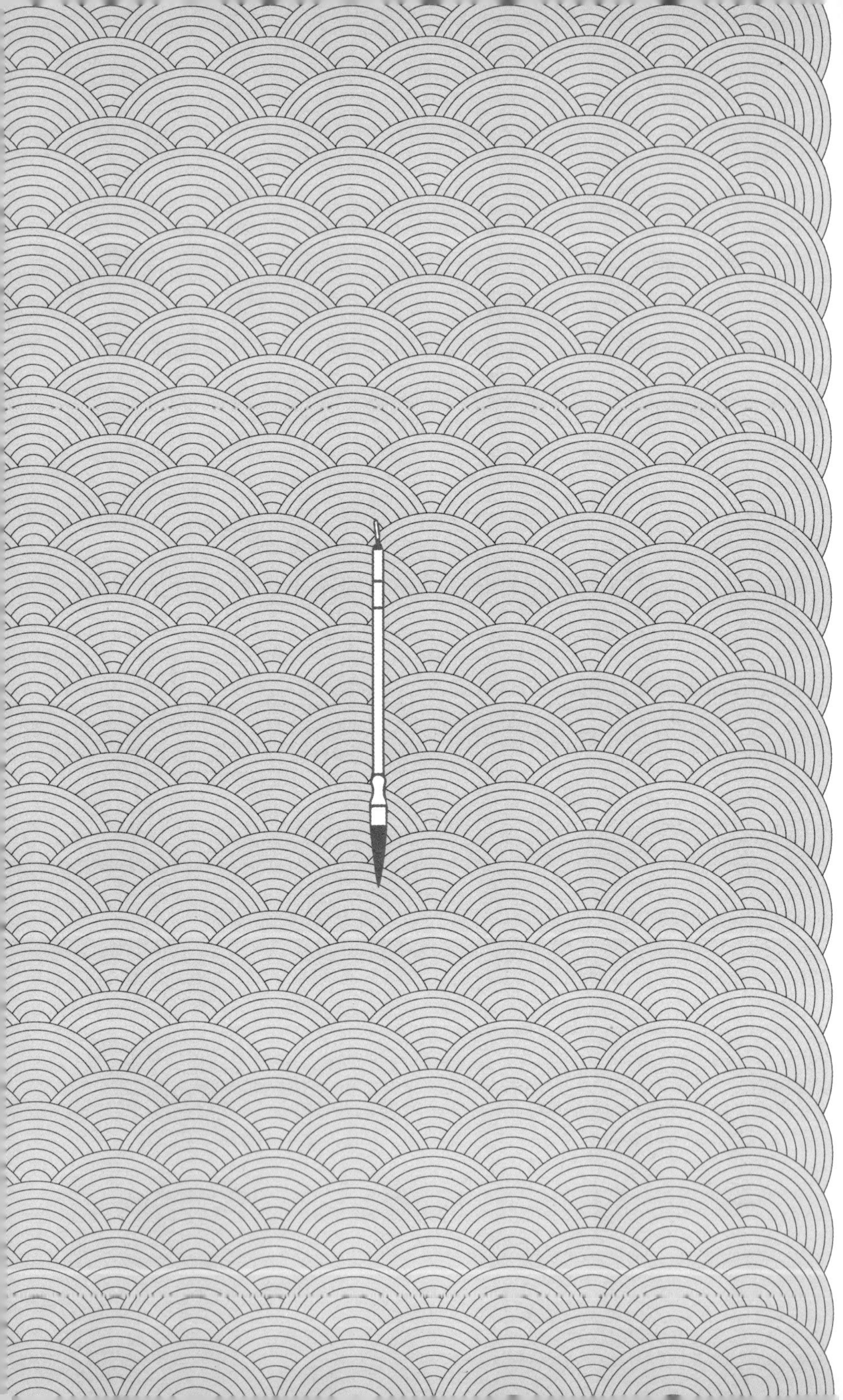

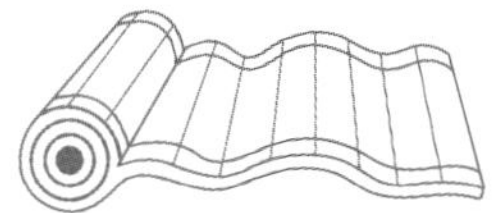

在中国文化中，“学”与“习”都包含实践的意思，它们不仅是认知活动，同时也是实践活动。现在我们一般将二字连用，称为“学习”，表示通过阅读、听讲、研究、实践等获得知识或技能的过程。

“思”从心从囟，古人认为心脑合作产生思想，“思”意为思考、考虑。学和思是获取知识的两种途径，在孔子看来，真正的学习应当是学和思的结合，两者不可偏废。当然，从广义上说，“学”和“习”都包括“思”，也包括“行”。

古人读书主张学思并进，进一步说可包括学、问、思、辨、行。尊德性与道问学的关系是其中的一个重要问题。学要落实到行，所谓力学笃行，即既要勤勉学习，又要切实践履所学。子夏说：“博学而笃志，切问而近思，仁在其中矣。”（《子张》）意思是说，广泛地学习并坚守自己的志向，恳切地发问并多思考所面临的事情，这样的话，仁德就在其中了。

一

学问思辨

古人谈学习，包括学、问、思、辨、行五个方面。《中庸》说：“博学之，审问之，慎思之，明辨之，笃行之。”广博地学习，详细地求教，谨慎地思考，清楚地辨析，切实地践行，学习要将这五种方法结合起来。对于“行”，我们在第九章“知行关系”中还会专门论述，此处主要介绍“学问思辨”四个方面。

我们先看“学”。孔子主张“学而知之”，他认为学习是人性得到发展和完善的基础。孔子反复强调自己并非“生而知之”，是通过勤奋学习得到知识的。他对弟子公西华说：“若圣与仁，则吾岂敢？抑为之不厌，诲人不倦，则可谓云尔已矣。”（《述而》）其大意是说，若要说圣与仁，我（孔子）是不敢当的，我不过是学习不知厌倦，教诲人不知疲倦而已。

在孔子看来，学习是求知的基础，离开了学习谈求知，不免失之于空玄，他曾说：“吾尝终日不食，终夜不寝，以思，无益，不如学也。”（《卫灵公》）在孔子看来，如果不学习，哪怕是整天不吃饭、不睡觉去思考，也不会有什么用。

孟子主张人性善，认为人都具有天赋的善性知能，这也被称为“本心”。人顺着本心行事就是道德的行为，人之所以犯错是因为迷失了本心。所以孟子说：“学问之道无他，求其放心而已矣。”（《孟子・告子上》）“放心”即指走失的心、放恣的心，学习就是将迷失的本心找回来。

在孟子看来，“良知”是先天的，它并不会因求知而增添一分，知识只是恢复先天善性的外在助缘。从根本上说，为学的目的是恢复人元初的善良本性并加以扩充，理论知识不过起到了一个辅助的作用，关键的是“先立乎其大者”，通过不断的内省、思索，找回迷失的本心，挺立道德主体。所以孟子说：“尽信《书》，则不如无《书》。”（《孟子・尽心下》）这里的《书》是指《尚书》，孟子的意思无非是说，读者要善于独立思考问题，读书要敢于质疑，不要拘泥于书上的内容或迷信书本知识。

孟子认为学习从根本上说是“求在我者”，即反求诸己的自我学习。他强调躬身自省，注重自得工夫。他说：“行有不得者皆反求诸己，其身正而天下归之。”（《孟子・离娄上》）凡是行为达不到预期的效果，都应该做认真的反省，自身行为端正了，天下的人自然就会归服。孟子用射箭作喻：“仁者如射：射者正己而后发；发而不中，不怨胜己者，反求诸己而已矣。”（《孟子・公孙丑上》）仁者就如同射箭

孟子卷之一

梁惠王章句上 凡七章

孟子見梁惠王。（梁惠王，魏侯罃也。都大梁，僭稱王，謚曰惠。史記惠王三十五年，卑禮厚幣以招賢者，而孟軻至梁。）王曰：叟不遠千里而來，亦將有以利吾國乎？（叟，長老之稱。王所謂利，蓋富國彊兵之類。）孟子對曰：王何必曰利？亦有仁義而已矣。（仁者，心之德、愛之理。義者，心之制、事之宜也。此二句乃一章之大指，下文乃詳言之。後多放此。）王曰何以利吾國，大夫曰何以利吾家，士庶人曰何以利吾身，上下交征利而國危矣。萬乘

孟子 梁惠王 一之一

◆《孟子》书影

手，射箭时先要端正自己的姿势，然后放箭；射不中，不怨恨赢了自己的人，而要反过来在自己身上找原因。

孟子认为，环境对人的性格、品质、意志的形成，虽然具有重要的影响，但并不起决定性的作用。他举了个例子，舜所处的环境与深山野人所在的环境几乎没有什么不同，但舜仍然能够成为圣人，之所以如此，是因为舜听到一句善言，见到一种善行，就会立即照着去做，像决了口的江河一般，澎湃之势没有谁能阻挡得住。在同样的环境中，舜能做到“先立乎其大者”，野人却做不到。做不到，便有可能泯灭善端。因此，孟子认为人们应当通过内省去保持和扩充善端，否则将会丧失这些善的品质。

与孟子相异，荀子将立论的基础放在人的自然本性上。荀子认为，人性是指人的自然资质，即“无待而然者也”（《荀子·荣辱》）。具体而言，人性主要包含两部分内容，一是人“饥而欲食，寒而欲暖，劳而欲息，好利而恶害”（《荀子·荣辱》）的生理本能，二是人“目可以见，耳可以听”（《荀子·性恶》）的感性认识能力。在他看来，人的本能中不存在道德和理智，如果放纵本能而不加节制，各种罪恶便随之而生。因此必须通过外在的学习来约束泛滥的本能，匡正行为。荀子说：“今人之性，固无礼义，故强学而求有之也；性不知礼义，故思虑而求知之也。”（《荀子·性恶》）他肯定人有智能，可以向善，可以通过后天的学习、教化，成就自己。

荀子论“学”重视“积”。他说：“涂之人百姓积善而全尽谓之圣人。彼求之而后得，为之而后成，积之而后高，尽之而后圣。故圣人也者，人之所积也。”（《荀子·儒效》）一般人成为君子，进而为圣人，非一朝一夕之功，这种由少而多逐渐积累的过程就是“积”。人们“可以为尧、禹，可以为桀、跖，可以为工匠，可以为农贾，在势注错习俗之所积耳”（《荀子·荣辱》）。人之所以有这些不同，是人们的行为举止和习俗长期积累而形成的。“人积耨耕而为农夫，积斫削而为工匠，积反货而为商贾，积礼义而为君子。”（《荀子·儒效》）如果能长久地学习积累与礼义有关的知识并践行，那么就可以成为君子了。

不难看出，儒家所指的“学”，道德实践的意味很浓，虽然也包含求知的精神、科学的精神，但最终目的是要“学以成人”。

其次是“问”。问是因为学习中有疑惑，学与问是紧密联系在一起的。学、问二字连用，现在一般是指系统性的知识，但就其本义来说，就是指学习和询问。

孔子主张要善于向他人请教，并主张要“不耻下问”，就是说在向人请教时，不要拘于辈分、年龄、地位、学识等因素的限制。在孔子看来，向年龄比自己小、地位比自己低、学识比自己少的人请教，没有什么好羞耻的。“三人行，必有我师焉：择其善者而从之，其不善者而改之。”（《述而》）只要他人于我有可取之处，就可以向他学习。孔子善于自省，明于外察，取人之长，补己之短。他曾问礼于老聃，访乐于苌弘，问官于郯子，学琴于师襄。《论语》中也多次记载了孔子和弟子之间讨论并相互启发的场景。

善于发问，是治学求道、取得进步的有效途径。我们可以举出历史上很多这样的例子。如《管子》中就赞扬隰朋[1]常常向地位比自己低的人询问问题的行为；《淮南子》也认为，周文王、周武王之所以能取得成功，是因为他们善于向别人请教。

《礼记·学记》说：“善问者，如攻坚木，先其易者，后其节目，及其久也，相说以解；不善问者反此。善待问者，如撞钟，叩之以小者则小鸣，叩之以大者则大鸣，待其从容，然后尽其声；不善答问者反此。”善于提问，如同砍劈坚硬的木材先从容易的部位开始，然后再砍劈树节坚硬的地方，时间长了，那些坚硬的部位就相互脱离分解开了。不会提问，则正与此相反。善于回答问题，就如同撞钟，用小槌

1 隰（xí）朋，姜姓，出身于齐国贵族，与管仲、鲍叔牙等共同辅佐齐桓公，使齐国强大。

叩击就发出小的鸣声，用大槌叩击就发出大的鸣声，待钟声从容鸣响而散尽，问题就会迎刃而解。不善回答问题，则正好与此相反。

学习中遇到困难，产生了疑惑，也会促使求学者思考、钻研，寻求解决之道，这便是“思”。孔子说：“学而不思则罔，思而不学则殆。”(《为政》) 只是读书却不思考，就会越学越糊涂；只是一味空想却不读书，也会一无所得。他不赞成直接将现成的知识和盘托出，而是主张要给学习的人留下思考的余地。获取知识的过程，同时也是思维得到训练的过程。

前面说过，孟子认为学问之道就是“求放心”。那如何找回本心呢？孟子说：“耳目之官不思，而蔽于物。物交物，则引之而已矣。心之官则思，思则得之，不思则不得也。此天之所与我者。先立乎其大者，则其小者不能夺也。此为大人而已矣。”(《孟子・告子上》) 耳目没有思虑的功能，只可接应外界事物，往往为外物所诱，因此一旦与外物接触，便被引向迷途。“心”[1] 则有思虑的功能，它是上天赋予而为人类所单独具有的。心能明是非、定取舍，对外界物诱有控制的能力。所以，先要把心这个身体最重要的部分树立起来，这样次要的部分就不会被引入迷途。这样便可以成为君子了。

1 古人认为心主管思维，故相沿以为脑的代称。

宋明理学家们更是把“思”提到了一个很高的位置。张载认为，对于应该质疑的地方不去质疑，等于没有学，学习就应该提出问题。朱熹认为，有大的疑问，学问才会有大的进步。陆九渊也指出，“为学患无疑，疑则有进”（《陆九渊集・语录下》），思考而产生疑问是学习进步的重要条件，不去思考或者缺少疑问，学习就会缺少收获，很难得到有效的提升。

最后是“辨”。一般说来，辨是指判别、辨析、明察，即《中庸》所谓“明辨之”。但如果就一个学科门类或一种思想而言，它是与名辩学说或者逻辑思想联系在一起的，名家、后期墨家、荀子等，都曾提出过比较系统的名辩思想，分别见于《公孙龙子・名实论》《墨经・小取》《荀子・正名》等篇。

如荀子，他认为怪辞兴起，名实紊乱，徒增疑惑，因此必须正名。语言的正确使用，是实现社会的良好秩序的重要条件。荀子的正名学说中有一套名、辞、辩、说的逻辑系统。他说：“故知者为之分别，制名以指实，上以明贵贱，下以辨同异。”（《荀子・正名》）智者对事物加以分别，制定名称来指代实物，以辨明异同，避免名实混淆，妨碍人们交流思想。

◆ 张载画像及张载祠

尊德性与道问学

“尊德性”与“道问学”的说法源自《中庸》，前者意为尊重先天的德性，后者是说依靠后天之所学。按朱熹的解释：“尊德性，所以存心而极乎道体之大也。道问学，所以致知而尽乎道体之细也。”（《四书章句集注·中庸章句》）二者皆为修身之道，但朱熹偏重道问学，陆九渊则偏重尊德性。尊德性还是道问学，是朱陆之辩的重要议题之一，第三章“书院兴衰”已经介绍了朱陆之辩的主要内容，此处不再赘述。王阳明继承了陆九渊的论学旨趣，这里主要谈谈王阳明对此问题的看法。

无论是尊德性，还是道问学，其实都是“为己之学”。由于一些人只把读书看作求取功名的敲门砖，这就导致记诵之学、辞章之学盛行，记览杂博、文章华丽似乎成了学问的标准，“学以为己”的初衷反倒被搁置起来。这些学问易流于空疏浅薄、支离破碎，拘泥于细枝末节而丧失大体，无助于道德人格的养成。王阳明的弟子曾就此问题向他请教，他做了如下回答：

> 道问学即所以尊德性也。晦翁言“子静以尊德性

诲人，某教人岂不是道问学处多了些子”，是分尊德性、道问学作两件。且如今讲习讨论，下许多工夫，无非只是存此心，不失其德性而已。岂有尊德性只空空去尊，更不去问学？问学只是空空去问学，更与德性无关涉？如此，则不知今之所以讲习讨论者更学何事！（《传习录》下）

王阳明批评朱熹将二者分开，主张“道问学”即“尊德性”，将二者视为一体。道问学的目的无非是存养此心，保持心之本原，使其不失德性。哪有尊德性只是空洞地去尊，便不去问学；问学只是空洞地去问学，而与德性无关的？尊德性若流于形式，空谈道德，则无益于问学。同样，道问学若限于字句，不体之于心，则无益于德性。

现代儒者马一浮也强调学习不能囿于琐碎支离而忽视了对于最根本内容的追求。儒家主张教育应重在“明德”，以求上达“至善”之境，而轻忽道德心性的培养与人格气质的养成，恰是现代学校教育的缺失。马一浮批评当时的学者：“唯务向外求知，以多闻多见为事，以记览杂博相高，以驰骋辩说为能，以批评攻难自贵，而不肯阙疑阙殆。此皆胜心私见，欲以矜名哗众，而不知其徇物忘己，堕于肆慢，戕贼自心。故其闻见之知愈多者，其发为肆慢亦愈甚，往而不返，不可救药。”[1] 在马一浮看来，这些学者一味向外在世界去寻求，执着于见闻之知，而不知反求义理，这样将使人变得偏狭、自私，其结果是徇物忘己，导致意义的肢解、道德的堕落。

因此，马一浮认为学习应当以“复性”为宗旨，即恢复人元初的善良本性。习得外在的、对象性的一般知识，只是学习的一个方面，更重要的是反求诸己，从生命内在做修养工夫，去除习见的障蔽，体证本有的道德主体，恢复本原之善。对象性的、客观的知识，与人的“存在”无关；生命的学问，不是外在于人的，人必须要参与其中，知行合一，即知即行，不能分开。读书穷理最终要“引归自己”，获得真知，并由实践而自证自悟，体证道理。在马一浮看来，学问之道“始于读书穷理，反身修德，终于穷神知化，践形尽性”[2]。读书只是手段，穷理才是目的。因此在教学方法上，他主张“体验重于思索，涵养重于察识，践履重于知解，悟证重于讲说。务令深造自得，不贵一偏一曲之知”[3]。

1 马一浮：《复性书院讲录》，《马一浮全集（第一册上）》，杭州：浙江古籍出版社，2013，第89页。

2 马一浮：《复性书院简章》，《马一浮全集（第四册）》，杭州：浙江古籍出版社，2013，第42页。

3 同上。

在浙江大学“国学讲座”开讲之初，马一浮就强调学习国学须先辨明以下四点，方能学有所获，这四点都强调学习的对象并不是琐碎的、繁杂的知识，而是根本性的本心、本性：

> 一、此学不是零碎断片的知识，是有体系的，不可当成杂货；
>
> 二、此学不是陈旧呆板的物事，是活泼泼的，不可目为骨董；
>
> 三、此学不是勉强安排出来的道理，是自然流出的，不可同于机械；
>
> 四、此学不是凭藉外缘的产物，是自心本具的，不可视为分外。
>
> 由明于第一点，应知道本一贯，故当见其全体，不可守于一曲；
>
> 由明于第二点，应知妙用无方，故当温故知新，不可食古不化；
>
> 由明于第三点，应知法象本然，故当如量而说，不可私意造作，穿凿附会；
>
> 由明于第四点，应知性德具足，故当向内体究，

不可徇物忘己，向外驰求。[1]

这体现了他认为教育应超越工具理性的偏狭，通过对“六艺”的学习来去除各种习染，变化气质、培养德性、敞亮本心，成就独立人格，实现人文价值的主张。

1 马一浮:《泰和宜山会语》,《马一浮全集（第一册上）》，杭州：浙江古籍出版社，2013，第3—4页。

博文约礼

尊德性与道问学关系的另一表现形式，是博文与约礼的关系。孔子曾说："君子博学于文，约之以礼，亦可以弗畔矣夫。"（《雍也》）即是说，君子广泛地学习文献知识，并用礼仪对自己的行为加以约束，就可以不至于离经叛道了。又据《子罕》篇，颜回称赞孔子："夫子循循然善诱人，博我以文，约我以礼。"依孔子之意，博文与约礼当分属知、行两个领域。但是这二者不可截然分开，而是相辅相成的。就人格的养成来说，单靠"知"是不够的，"知"落实在"行"上才有意义；"行"不是妄行，需要有礼仪规范，并以德性为基础。

朱熹也将博文与约礼分别划归知、行两个范畴，并主张先博文后约礼，这与他提倡的"知先行后"说一致。与朱熹的看法不同，王阳明则将二者视为一个整体的过程，主张博文即为约礼，这正符合他提倡的"知行合一"说。王阳明认为，"礼"即是"理"。隐微于内的是"理"，显现于外的是"文"，二者互为表里，实质原为一体，并无二致。约礼只要求人心纯然符合于天理。而要人心纯然符合天理，就应该在理的表现之处用工夫。无论做什么事情，处于什么环境，都应如此。这就是在“文”中求“博”，也就是“约礼”的工夫。

王阳明认为，博文是道德实践的一种方式，博文的意义是要到经典中、从事情上，去印证心中本来就具有的天理。朱熹认为理在心外，理体现在经典中，博文即通过通晓经典以知万物之理，然后将其付诸实践。王阳明则视博文与约礼为一体工夫，他在答弟子南元真的《博约说》一文中，直接批评博文与约礼的先后之说。在王阳明看来，文是礼的外在表现，礼是文的本体，隐微的本原与其表露的现象相统一。博文就是求尽表现于具体事物中的条理节目；约礼就是求尽本心先天具有的天理。文散见于万事万物之中，故称博；礼植根于本心，故称约。博文而不约礼，则文为虚无缥缈之虚文，这就是功利辞章之学；约礼却没有博文，则礼为不切实际之虚礼，这就是空寂之学。博文包含约礼的过程，约礼也蕴含着博文的过程。

王阳明并不反对见闻之知，不过他认为一般所谓的做学问，如训诂、记诵、辞章，它们本身不是目的，它们都指向“成德”，成就道德人格才是目的。这是“为己之学”的基本要求。向外求知最终都要回到内在本心；体之于心，自然也会付诸行动。在这个意义上，“道问学”也就是“尊德性”，“博文”也就是“约礼”。

王阳明并不轻视“六经”，他反对的是拘泥于文字训诂及章句背诵，沉陷于表面知识的做法。学习的对象无疑应包括古代的经典，但为学者若不体之于心，纵然将“六经”词句讲得清楚明白，终究也是无所得。

在王阳明看来，人们在道德实践中，自然会以先觉者为榜样，会参考诸多的古代道理，也自然会下很多问辨思索、省察克治的工夫，这些都不过是要除去己心的私欲，存养己心的天理罢了。王阳明强调心是一切的本原，博文、约礼最终都要回到本心，因此学习最终都是孟子所谓的“自得”之学。人的本心先天地自知其理，因此不可向外寻求。世间的学者却本末倒置，劳苦一生，以追求辞章、训诂、技艺等“外物”为要务，求道于本心之外，故不能自得以达其本原。这是王阳明对于博文与约礼、向内寻求与向外求知的看法。

文化关键词

德性之知

由心的作用而获得的超越于感官经验的认识，与“见闻之知”相对。张载最先区分了“见闻之知”与“德性之知”。宋儒认为，人对生活世界的认识是通过两种不同方式实现的。通过目见、耳闻所获得的认识，是“见闻之知”；通过内心的道德修养所获得的认识，则是“德性之知”。“德性之知”不依赖于感官见闻，并超越于“见闻之知”，是对于生活世界的根本认识。

见闻之知

由耳、目等感官与外物接触而获得的认识，与“德性之知”相对。张载最先区分了“见闻之知”与“德性之知”。宋儒认为，人对生活世界的认识是通过两种不同方式实现的。通过目见、耳闻所获得的认识，即是“见闻之知”。“见闻之知”是人的认识所不可缺少的。但“见闻之知”不足以穷尽对事物的认识，也无法获得对世界本体或本原的认识。

三省吾身

多次反省自身。“三省吾身”是儒家所主张的一种道德修养方法。儒家认为，德行的确立取决于自身的追求与努力。因此应时时反省自己的言行与内心，并以此作为修养道德的基本方法。曾子特别提出，每日应从尽己为人、诚信待人、温习课业等方面多次反省自身是否存在不足，有则改之，无则加勉。

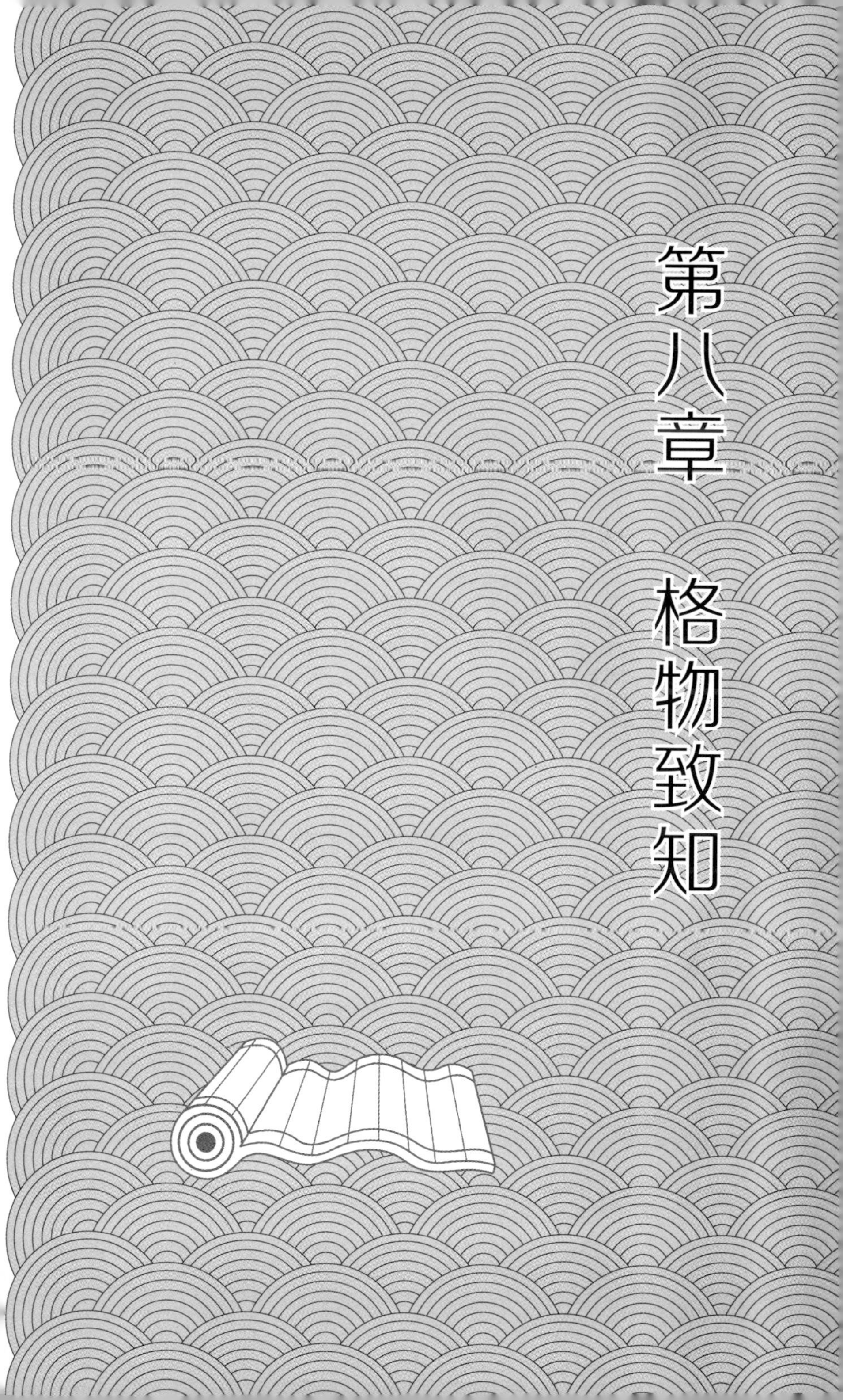

第八章　格物致知

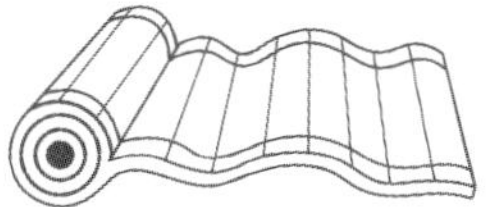

明代思想家王阳明从小就志存高远，以读书做圣贤作为自己的志向。后来他通过努力实现了自己年少时的理想，被认为属于中国历史上少数能做到立德、立功、立言“三不朽”的人物。不过他的成长之路并非一帆风顺，其成就是历经曲折坎坷磨砺出来的。

王阳明年轻的时候，找遍南宋思想家朱熹的书，日夜苦读，潜心钻研。朱熹是那个时代读书人的榜样，在士人眼中朱熹是离他们最近的圣人，王阳明也希望通过研习他的著作来成圣成贤。朱熹的书中写道，欲成为圣贤得从“格物致知”做起，即要格天下事物之理来增长自己的知识，增进自己的道德修养。

王阳明便按照朱熹的方法来做，但是天下之物如何格呢？只能先从身边的事物做起，于是王阳明就约他的一位朋友，一起在院子里格亭前的竹子，希望格出竹子之理。朋友格了三日三夜病倒了，王阳明觉得可能是因为这位朋友的精力不济，于是自己一个人继续格竹子，没想到七日七夜后，他自己也病倒了。

这一段经历促使王阳明开始反思朱熹的观点：做圣贤一定要格尽天下之物吗？经过长时间的思考，王阳明终于悟出另外一套关于“格物致知”的道理，使得他在中国思想史上也放出了耀眼的、独特的光辉。这就是著名的王阳明“亭前格竹”的故事。

朱熹与王阳明对“格物致知”的理解有很大不同，但有一点他们二人是一致的，那就是他们都认为做圣贤的入手工夫是“格物”，人们可以通过“格物”来使自己不断进步，最终成为君子，甚至成圣成贤。而他们对“格物致知”的不同理解，则形成了儒学内部的两个学术派别，朱熹一派被称为“理学”，王阳明一派被称作“心学”。

朱熹和王阳明为什么执着于“格物致知”？“格物”和“致知”其实是两个工夫，它们最早出现在儒家经典《礼记》的《大学》篇中。《大学》主要是围绕着“三纲八目”而展开的，简单地说，“三纲”告诉我们圣贤的三种境界，而“八目”就是达到“三纲”的八个具体步骤和方法。

“格物”和“致知”是“八目”中的前两个步骤，为学得先从“格物”和“致知”这两目入手。但《大学》并未对这两目有较为清晰的界定，这种情形反倒给后人留下了广阔的想象空间。此后的思想家们一直在为之寻找一个合理的解释，众说纷纭，这使得这两个范畴以多种面貌呈现出来，具有多种内涵丰富的解释。于是“格物致知”成为中国古代十分重要的哲学范畴，由对“格物致知”的不同理解分化出不同的学派。明末以来，它又与源自西方的近代“科学”概念关联在一起。我们知道，科学、民主是中国现代性诉求最集中的体现，“格物致知”概念的重要性便因此愈发凸显出来。所以弄清楚“格物致知”在不同时代、不同哲学家那里的真正内涵，对于我们深入地了解中国文化有着重要的意义。

大学之道

儒家的内圣外王之道，在《大学》中得到了集中表述："大学之道，在明明德，在亲民，在止于至善。…… 古之欲明明德于天下者，先治其国；欲治其国者，先齐其家；欲齐其家者，先修其身；欲修其身者，先正其心；欲正其心者，先诚其意；欲诚其意者，先致其知；致知在格物。"朱熹认为明明德、亲民、止于至善三者是"纲领"，格物、致知、诚意、正心、修身、齐家、治国、平天下八者是"条目"。八条目中，修身是关键和枢纽，格物至修身是明德之事，齐家至平天下是新民之事，而总的目标是达到至善的境界。八条目中前五者是内圣之事，后三者是外王之事。内圣是根本，外王是内圣的自然推衍。

此处的"大学"不是我们现在惯常所说的大学。在古代，"小学"是指学习一些日常生活中基本的礼节、规范，此外还会学习射箭、驾车、算术和书写等基础科目，学习内容相对简单，所以被称为"小学"。"大学"则不同，它所教授的内容不再是那些具体的技术性知识，"大学"是指"大人之学"，其目的是追求道德生命的完美，提高自身的修养和成就自己的人格，简言之，就是学做一名顶天立地、光明磊落的“大人”，所以古人把这类“学以成人”的学问叫作“大学”。

概言之，“小学”是学习各种基础知识技能和行为规范，而“大学”则是学习成为君子，甚至成圣成贤。但“小学”和“大学”并不是矛盾的，基础知识技能和行为规范是成人的基础，“大学”是为了造就“大人”，它虽然高于“小学”，但无法脱离“小学”。

《大学》便是围绕着如何成为一名“大人”而展开的。“明明德”中的第一个“明”字是动词，是“使之明”，即彰显的意思；第二个“明”字是形容词，是光明、美好的意思。“明明德”即意为彰显光明的德性。就像太阳，虽然有时会出现乌云蔽日的情况，导致光线阴暗，但这并不是说太阳本身的光明减损了，只要乌云散去，阳光仍旧明亮。

“三纲八目”是整个《大学》篇的主要内容，甚至可以说代表了儒家思想的要义，它解决的是人生价值和人生意义的问题。明明德、亲民和止于至善三纲领是讲“大学”的宗旨，即：彰显自身本来就具有的光明德性，成就自己的道德人格，进而推己及人、亲爱百姓，使得人人都能安居乐业、革故纳新，坚持不懈，最终达到至善的境界。格物、致知、诚意、正心、修身、齐家、治国、平天下八条目是讲实现的具体办法。

孟子明确提出人性本善，他认为每个人天生就具有“善端”，由于后天的生活环境和受教育情况的不同，才导致了善恶的区别，人们作恶是由于自己的善良天性受到了遮蔽。善性是上天赋予我们的，所以叫“天爵”，它对我们来说是极其可贵的，所以又叫“良贵”。良贵天爵是人之为人的本质和特性，是我们异于禽兽之所在。这在《大学》称为“明德”。但是从现实的层面来说，尽管我们每个人都具有善的秉性，但它还只是如同种子和萌芽，还需要我们培养和呵护，让善的种子生长成为参天大树，所以我们虽具“明德”，但还有待对自身内在光明德性的体悟和彰显，要持之以恒地提高自身的道德修养，这在《大学》称为“明明德”。

中国传统文化虽然重视成德之教，重视成圣成贤，但也有知识论的传统，二者的关系对应于尊德性与道问学、德性之知与见闻之知、良知与见闻等概念的关系。如上面所述，“小学”是“大学”的基础阶段，而“小学”阶段侧重的正是对知识技能和行为规范的学习，这一阶段为人们自觉地培养德性奠定了基础。另外，“大学”阶段也并不是抛弃知识而单纯追求高尚的道德修养，人们必须在学习知识和道德实践的过程中提升自己，这就是孔子说的“博文”和“约礼”。所以说，“大学之道”包含知识和道德两个层面，一个真正的“大人”一定是同时具备广博的知识和高尚的情操的。

后世对“格物致知”的讨论，在很长一段时间里都是在“大学之道”的思想背景下进行的。“大学之道”包含知识与道德两个层面，所以后世对“格物致知”的解释也存在着不同的偏向，有的思想家偏向道德这一层面，有的思想家偏向知识这一层面。总体而言，从道德层面来理解“格物致知”，占了中国传统的主流，不过随着近代西方文化的传入，人们对“格物致知”的理解就逐渐从道德层面转向了知识层面。

格致

“格物”和“致知”作为实现“三纲领”的首要工夫，它们的具体含义是什么呢？《大学》这篇文献没有对二者进行明确的解释，这为后世的学者预留了极大的诠释空间，他们对“格物致知”的理解也不大一样。

如东汉经学家郑玄，根据他的解读，这里的“格”是“来”的意思，“物”是各种事情，“知”是关于善恶的知识、道理，“格物致知”的意思是，如果一个人关于善的知识很多，对善的理解很深刻，就会吸引来善物，如果关于恶的知识太多，就会吸引来恶物，人们遭遇事情的善恶与人对善恶的喜好有很大关系。这里郑玄将“致知”解释为“格物”的前提，认为善恶之事源自人们对善恶的知识和喜好，这种解读与《大学》文本中“格物”先于“致知”并不相符。后来唐代的孔颖达为之做疏，意思就更明显了，他解释道“善事随人行善而来应之，恶事随人行恶亦来应之”，颇有“善有善报，恶有恶报”的意思。

孔颖达的这个解释，基本精神延续了郑玄的“注”，但在此之后，人们对“格物致知”的理解发生了重要转变，如唐代李翱的理解就有了较大不同。李翱认为“物”不是指善恶之事，而是万物的意思，“格”是“来”的意思，“格物”就是我们面对事物。“格物致知”就是说，当我们面对万事万物的时候，内心依然能够坚守自我，抵抗住外部世界的诱惑，不随着外物的流转而有所动摇，能够做到这一点就是“知之至也”。与郑玄强调“善恶之知”不同，李翱更注重内心的修养。

北宋理学家程颢、程颐（二人是兄弟，被并称“二程”）对“格物致知”的理解又不一样。“二程”认为“格”是“至”的意思，而“物”则指万事万物，既包括人类社会的各种活动尤其是伦理活动，也包括了自然界的客观事物。

古代人对“物”的理解，与我们现在对“物”的理解是不一样的。举例来说，古人认为，眼前的一棵树、一杯水是“物”，看到父亲渴了给他倒一杯水这件事也是“物”。具体的东西是物，各种行为也是物，所以万事就是万物，万物也就是万事。而万事万物的背后皆有一定之理，如火有它之所以会发热的规律，水也有它之所以会寒凉的规律，而人类社会的伦理行为也有其背后的道理。所以在“二程”那里，“格物”的对象非常广泛，既要在人伦践履中探究孝悌忠信之理，自然界的一草一木之理也应该去考察一番。

◆程颢、程颐画像

在“二程”看来，“格物”的方法也是多种多样的，比如人们可以通过读书来明白书中的道理，可以通过考察各色人物来辨别他们身上的优缺点，可以在处理事物时寻找每一件事物背后的事理。

“格物”的对象和方法虽然多种多样，但它们有一个共同的宗旨，即体悟到人心所固有的、与万事万物背后之理相通的“天理”，让我们的内心变得更加通透，既了解这个世界，也明白我们自身，这就是“致知”。

或许有人会有疑问，天地间的事物如此繁复，如何能够一一格尽？其实“二程”也并非主张要将人类社会和自然世界的所有事物都格尽，因为我们可以用“类推”的方法来触类旁通。天地万物背后的规律和道理，最终都可以归结到同一个“理”，就好比千万条河流里面都有同一个月亮的倒影一样。因此人们可以通过持之以恒地做格物的工夫，不断积累，触类旁通，最终达到对终极“天理”的体悟。这种格物方法类似于从“渐悟”到“顿悟”的过程，虽然我们在短暂的一生中，没有足够的精力去考察世上的每一个事物，但可以尽我们所能去研究各种事物，总结其中的道理，慢慢地就会领悟真理。在“格物”的过程中，我们的见闻、知识日益增加，境界也得到了提升。

在“二程”这里，人们是通过格各种事物，来达到明心

◆朱熹画像

的境界。虽然"二程""格物致知"的侧重点，仍然是在道德修养方面，但他们并没有把"格物"的对象局限在伦理活动上，而是将自然界的客观事物也包含进来，这就为明清时的思想家将"格致"诠释成一种"实学"埋下了伏笔，也是"格致"这一概念从道德领域转向科学领域的源头。

实学是以"经世致用"为本旨的学说。经世致用是指治理世事，切合实用，不同于不切实际的空虚之学。中国的实学思想肇始于宋代，在明清之际达到高峰。虽然它在不同历史时期有不同的表现形态，但强调崇实黜虚、经世致用却是其一贯的核心思想。

朱熹是理学的集大成者，他在继承"二程""格物"思想的基础上，提出了一个更加系统的"格物"说。朱熹跟"二程"一样，把"格"解释为"至"，但朱熹的"至"有三个方面的含义："即物""穷理""至极"。这三个方面的含义如何理解呢？

首先，每一事物的背后必有一理，所以"格物"就不是仅仅认识某一事物的表面现象，而是要去探究事物所蕴含的规律和道理（"穷理"），要探究事物背后的规律和道理就必须去接触事物（"即物"），不能凭空玄想。此外，"至"除了有"穷至事物之理"这层含义外，还有"穷至其极"的意思，也就是说，穷究各种事物的规律和道理不能浅尝辄止，一定要到至极的程度才可以。简言之，朱熹所谓“格物”，就是通过接触事物来研究其中的道理，而且要尽可能将道理研究到全面和透彻的地步。

以松柏为例，如果按照朱熹的“格物”理论，我们应该如何去“格”松柏呢？首先我们应该接触松柏，认真观察松柏，这就是“即物”；我们观察松柏，不只是为了获得其高矮粗细等粗浅的知识，还要更进一步，了解松柏的生长规律，并将这些规律延伸到人生的道理上来，比如从松柏的不畏风雪中领悟坚毅的品格，并将这种品格应用到我们的行为中去，这就是“穷理”；当然，松柏的生长规律有多个方面，我们要尽可能全面、深入地了解，这就是“至极”。这个例子比较形象地说明了朱熹的“格物”说，“格”万事万物都不能脱离“即物”“穷理”“至极”这三方面的内容。

而关于“格物”的对象，朱熹跟“二程”是一脉相承的，朱熹这里的“物”也是指的万事万物，既包括了道德行为，还包括外在世界的自然物。不过，朱熹对客观知识的重视程度超过了“二程”，他认为知识和道德没有孰轻孰重的问题，只是有先后缓急的不同。同样，由于“格物”的对象广泛，“格物”方法也应多样，在道德实践中领悟仁德天理，学习圣贤留下的经典，考察具体自然事物的生长规律，等等，都属于“格物”的途径。

朱熹对“致知”又是如何理解的呢？在他看来，“知”主要是关于“物”的知识，“物”是多种多样的，所以“知”也有很多类，比如有关自然事物的知识、有关道德人性的道理等。因此，朱熹所理解的“致知”不是与“格物”有别的工夫，而是我们做“格物”的工夫所达到的一种结果。正是由于我们不断地“格物”，所以我们的知识得以不断地扩充，达到极致，就能够将各种知识融会贯通，我们内心的“明德”也得以呈现和发挥，我们不仅学习了各种知识，并且能践行这些知识，真正成为一名内外兼修的“大人”。

明代的王阳明对“格物致知”的理解，又与“二程”、朱熹大异其趣。如前所述，王阳明早年也深受朱熹的影响，曾广泛收集朱熹的著作来学习。他在“格”亭前之竹未果之后，开始反思朱熹的“格物”说，认为其中包含有知识和道德的矛盾，经过多年的探索终于建立了他自己的“格物”说。那么在王阳明看来，知识与道德是什么关系呢？

前面说过，“八条目”是达到“三纲领”的方法，而“三纲领”的终极目标是“学以成人”，也就是追求个人道德生命的完美。王阳明认为，朱熹看重的自然事物知识，与提升人们的内在德性没有必然的联系。这其实不难理解，例如一个人具有了精深的专业知识，但他并不一定是一个有道德的人；又如一个人的学识水平不高，但他完全有可能是一个很

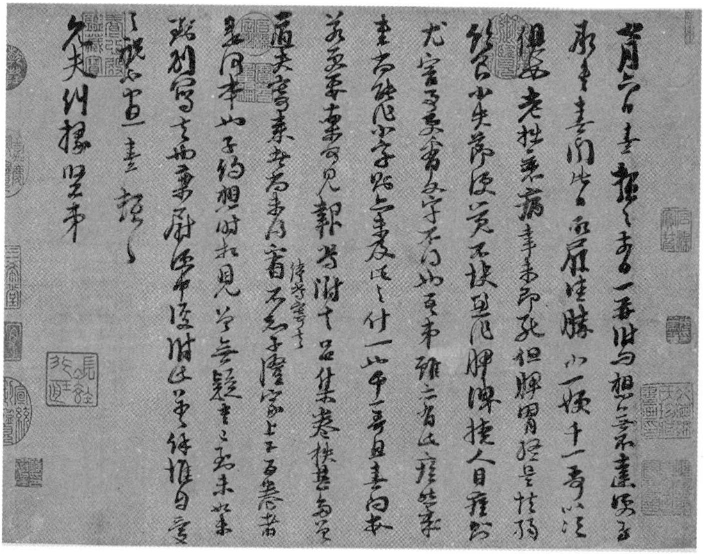

◆朱熹行草《书翰文稿》卷（局部）

有道德的人。因此，在王阳明看来，按照朱熹的“格物”方法，是无法达到“学以成人”的目的的。

那么，在王阳明看来，人们要如何“学以成人”呢？王阳明认为，“格物”的“格”是“正”的意思，比如一个东西歪了，我们把它重新摆正，这个重新摆正的动作就是“格”，“物”是“事”的意思。所以王阳明的“格物”就是“格事”，即纠正那些不正之事。

王阳明认为，我们所经历的每一件事都有我们的意识参与其中，而“意”又是发自我们的内心，那么，如果一件事情做得不对，其根本原因就是“意”不正，因此，“格事”说到底就是“正心”。只要我们的内心正了，发出的“意”也就是正的，用这样的“意”去做事，那么所做的事情自然就正。在王阳明看来，我们的本心原本是正的，只是由于受到遮蔽，才变得不正，这样私欲便会萌动，导致种种恶行的发生，所以需要我们从源头上做内在的工夫，纠正心的不正以恢复其本来状态，这就是“格物”。

王阳明又将“知”解释为良知，认为“致知”就是“致良知”。儒家传统认为每个人都具有良知，良知是至善的，比如当我们看到一个小孩快要掉到井里，便会产生恻隐之心，且会化为行动去救他。我们之所以会产生这种恻隐之心、悲悯之情，就是因为我们每个人都具有至善的良知。所以在王阳明看来，要想成就我们的道德人格，就不应该在外物上寻求，而应该直接关注并扩充内在的良知，使它能够在日常生活中处处呈现和发挥作用。可见，“格物”和“致良知”在王阳明看来并非两种工夫，他将朱熹“格物”说中对自然知识探求的一面舍弃了，自然知识在王阳明学说中称为“见闻”，与“良知”的关系是“良知包见闻”，详见下章。

科学

在明代，比王阳明稍后，出现了王廷相、吴廷翰等颇具现代意义上的“科学”精神的思想家，前面我们讲到，“二程”、朱熹的“格致”思想，已经有了研究客观事物的内容，在这方面，他们比程、朱走得更远。如吴廷翰，他对“二程”、朱熹、王阳明的“格物”说都提出了批评，虽然他跟“二程”、朱熹一样，把“格”字也解释为“至”，但他认为将“格物”释为“至物”即可，不需再节外生枝地加上“穷理”“格理”。朱熹认为“理”是独立存在的精神实体，吴廷翰并不认同这一点，他认为“理”只是“气”的条理和规律，因此学者只能通过对事物的研究来求“得理”。吴廷翰认为有两种知识：“真知”与“空知”。“真知”是通过对事物的研究而获得的知识；如果离开物，只在内心寻求，凭空玄想，所得到的就不是真见真知，而是虚见虚闻，也即“空知”。

需要指出的是，吴廷翰并不是反对“穷理”本身，他认为“穷理”就是《周易·说卦》中所说的“穷理尽性以至于命”，即深究事物的道理和万物的本性，以至于把握最一般的规律。但吴廷翰认为这个是圣人的工夫，学者只能通过

“至物”来扩充知识，这才是学者应该做的事情。

吴廷翰认为，在认识的过程中，直接接触认识对象，这就是“至物”，所谓“格物”，就是我们通过对认识对象的研究而获得“真知”的工夫。因此，将“格物”解释成“至物”即可，无需再添字作解。“致知”就是扩充我们的知识，它与“格物”密切相关。综合起来说，“格物致知”是通过接触对象以扩充知识，扩充知识必须研究具体事物。

吴廷翰反对王阳明的“格物”说，认为它仅着眼于道德修养，忽视了客观知识。他对“二程”、朱熹“格物”说中的科学精神做了进一步的发挥，不遗余力地提倡“实测之学”，认为要广泛地研究自然现象。“二程”、朱熹也主张研究外物，但他们思想的核心还是在道德修养上。“格物致知”从道德领域到科学领域的转向，吴廷翰无疑走得更远，他虽然也认为“格物致知”的最终阶段是“穷理”，但其重心已落在通过研究外物而获得“真知”上，其中的科学精神更加彰明，在这种情形下，“格物致知”也逐渐从修身之学走向研究外物的实学。

到了明朝末年，西方的文化传入中国，尤其是近代自然科学，它与中国本土逐渐兴起的实学“里应外合”，进一步推动了明末“实测之学”的发展。明末学者徐光启将欧洲耶稣会士带到中国来的几何学、物理学、天文历法、地理学、机械技术等统称“格物穷理之学”。“格物穷理”在某种程度上就成了自然科学的代名词。

比徐光启稍后的方以智在受到西方近代自然科学的影响后，提出了“质测之学”的概念。他认为当时的学问可划分为三种：“宰理”“至理”“物理”。“宰理”相当于现在的社会政治学、伦理学；“至理”相当于现在的哲学；“物理”则相当于现在的自然科学，即研究具体事物的属性和规律之学，“物理”又称作“质测之学”。关于“格物”，方以智认为这里的“物”是指天地间的一切事物，虽然“物”包罗万象，但他强调“格”自然万物的重要性，认为研究外在世界的自然物才是基础。因此“格物”主要是一种“质测之学”，其目的并不是为了体悟道德原理，而是为了探究天地万物的规律、性质及事物背后所以然的道理。可见方以智的“格物”说，逐渐跳出了朱熹与王阳明的思想框架，有了一些近代知识论的意味，具有一定的近代科学的精神。

1840年以后，西方近代自然科学知识开始大规模地被引入中国。不过一开始，很多专业名词还没有像现在一样被确定下来，很多词语是援引中国固有词汇与之对译。西方的自然科学一词，英文是“science”，当它传入中国之后，不管是中国人还是西方人都用“格物穷理”或“格致学”来翻译它。英国传教士韦廉臣在《格物穷理论》中就是

P. Matthæus Riccius Macerat. e Soc. Iesu
Lÿ Paulus Magnus Sinarum Colaus

◆ 徐光启与利玛窦画像

用“格物穷理”“格致”“格致之学”等来翻译“science”，中国近代的知识分子冯桂芬、薛福成和郑观应等都是在近代自然科学的意义上来使用“格致”概念的。经过这种对译，“格致”概念完全脱离了道德领域，变成了一个纯粹的知识论概念。

19世纪下半叶，日本学者用汉字词“科学”来翻译英文“science”。在汉语中，“科学”原是“分科举人之学”的简称，其意与“一科一学”的现代科学有一定相合之处。随后这种译法经康有为、严复等人的提倡，在中国被确定下来。康有为在其编著的《日本书目志》里采用了“科学”这一译法。严复在《与〈外交报〉主人书》中也使用了实证科学意义上的“科学”概念。此后，用“科学”来翻译“science”一词逐渐被确定下来，“格致”“格致之学”“格物穷理”等译法便逐渐销声匿迹。

要言之，“格物致知”这一概念经历了从道德含义到科学含义的转变。汉唐时期的郑玄和李翱解释“格物致知”这一概念时仅从道德修养处着眼；宋代的“二程”和朱熹开始重视对外在自然物的研究，“格物致知”也因此有了一些知识论的内容，但始终没有脱离道德修养的含义，他们还是将知识论置于人生论之下，其认识意义仍处于附属的地位；明代的王阳明更加注重内在的本心，“格物”被解释为用纯善的本心去“正物”。王阳明之后，随着西方近代自然科学开始传入，“格物致知”的概念发生转向，逐渐从人生修养论中走出来，而成为一个纯粹实证科学的命题。后来经过康有为、严复等人的引介，“科学”最终取代“格物致知”“格致”等词，成为英文“science”一词的确定译法。

文化关键词

大学

人们在不同意义上使用“大学”的概念。其一，从学校制度而言，“大学”指由国家设立的最高等级的学校，即“太学”，有别于地方设立的“塾”“庠”“序”等。其二，从教学内容而言，“大学”即所谓成人之学，主要讲授为人处世、治国理政的道理与原则，有别于学习文字或具体礼仪、技艺的“小学”。其三，从教学目标而言，“大学”旨在帮助学生确立健全的人格与德性，培养治国理政的人才。

格物致知

在与事物的接触中体认人伦日用之道。“格物”“致知”出自《礼记·大学》，与诚意、正心、修身、齐家、治国、平天下并称“八条目”。“致知”在于“格物”，二者密切相关，故有时并称“格致”。历代学者对“格物致知”的含义有多种不同的理解：或强调在对事物的接触中穷究其“理”；或强调亲自实践以掌握各种德行、技艺；或以心意所在为“物”，进而以内心的修正为“格物”。

智

“智”的基本含义是聪明、智慧，本作“知”。“智”的意义主要体现在对是非、利害做出明晰的认知与判断。“智”既是对外在的人与事的认知，也包括对自身的反省。儒家主张，应恰当地发挥“智”的作用，使人们不为复杂的现实因素所迷惑，从而做出符合道德、礼法的选择。而对“智”的过度依赖，则会导致以智巧、欺诈的手段行事，因此道家对于“智”持警惕、批评的态度。

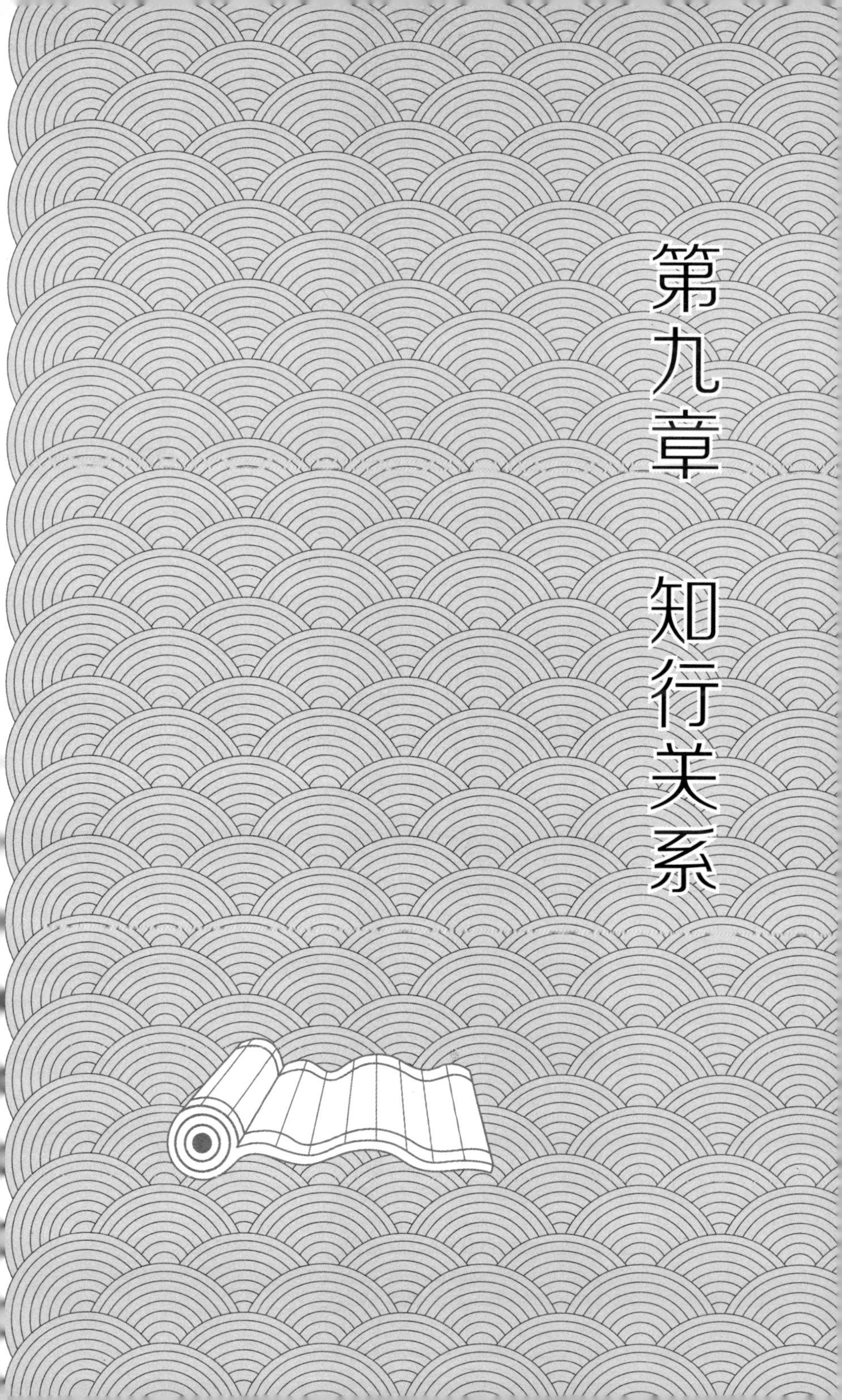

第九章　知行关系

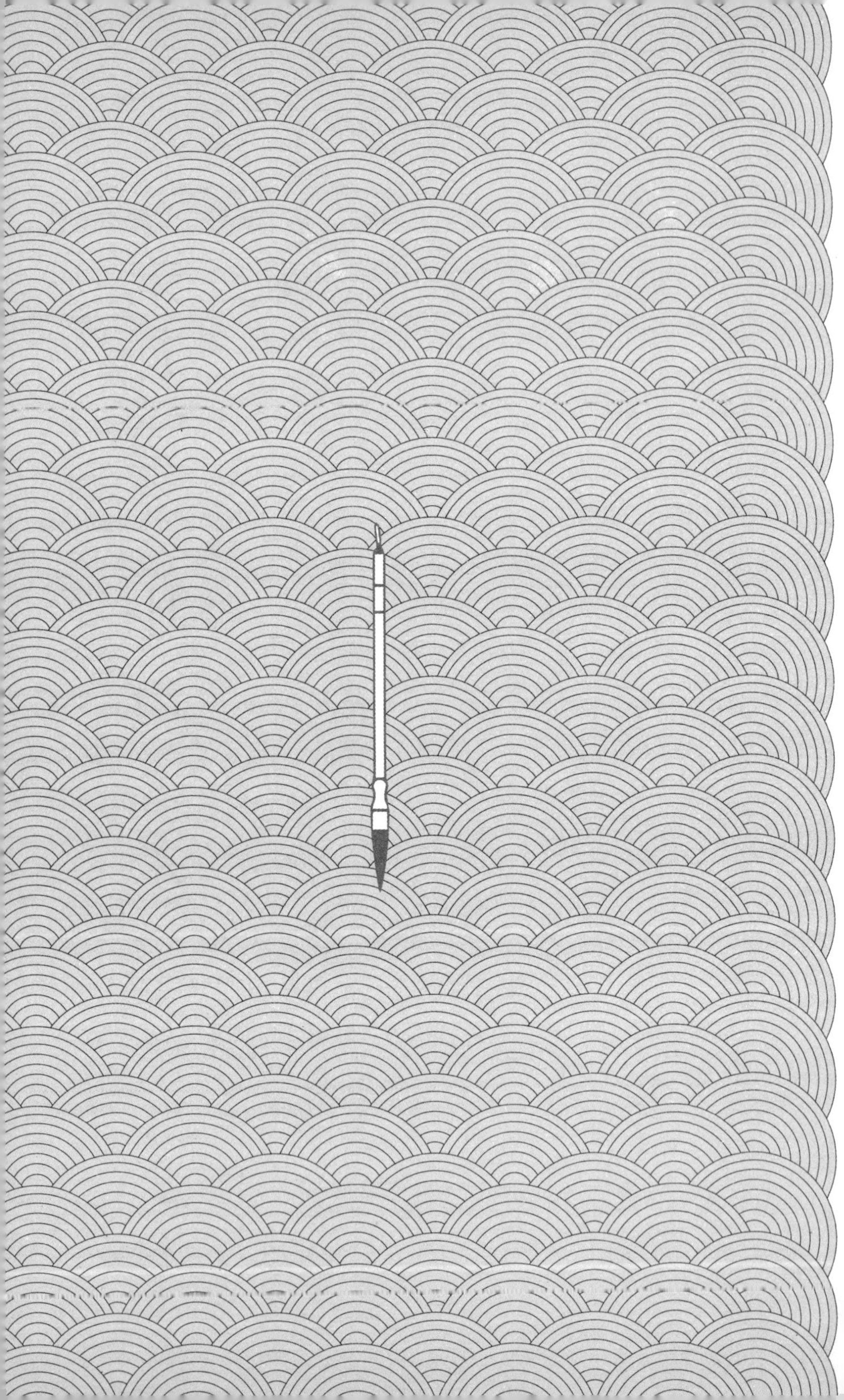

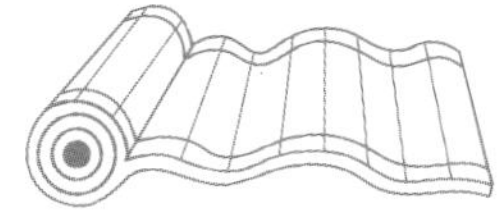

“知”和“行”是一对关系紧密的概念。在中国传统思想中，“知”有知识和认识能力两种含义，指知识、知觉、思想、认识等；“行”是指行为、行动、践履、实践等。古人讨论“知”“行”和知行关系问题多从道德意识、道德行为的方面着眼，但也包含现在我们常说的知识方面的内容。直到明清之际的王夫之，特别是近代的孙中山，才逐渐赋予“知”“行”以比较纯粹的认识论意义。

《尚书》中就提到了“知”和“行”的关系问题：“非知之艰，行之惟艰。”（《尚书・说命中》）《左传・昭公十年》中也有“非知之实难，将在行之”的说法。二者都认为，明白一件事情的道理并不是特别难，但将这个道理真正落实到行动中却非常艰难。“知易行难”的观点在中国历史上占据主导，历来为人们所遵奉，直到近代，孙中山先生提出了相反的“知难行易”的观点。他在革命实践中发现，“知易行难”

的看法易助长畏难苟安的心理，因此提出后一主张，以鼓舞人们革命的勇气，激励人们进取的精神。

“知”与“行”的关系问题在中国思想史上是一个聚讼不已的话题，除了知行难易问题之外，知行的先后问题、轻重问题也是思想家们关注的议题，有些人注重“知”，有些人注重“行”，或认为知先行后，或认为知行合一，不一而足。

历史渊源

在中国古代，“行”一直被看成是比“知”更加困难的活动。这种看法比较符合实际的经验。在现实生活中，我们常遇到这样的现象：明明知道要用功读书，但却无法做到心无旁骛、潜心苦读；明明知道应该勤俭节约，却经常花钱大手大脚，铺张浪费；还有的人，明明知道应该遵守规则，但如果没人看到，便心存侥幸、违反规则；如此等等。正因为类似的情况不少，古人就有了“非知之艰，行之惟艰”的感慨。这其实是在告诫我们，应该努力将自己学到的知识和道理，落实在具体的实践当中，做到“行胜于言”。

孔子非常重视“行”。子贡曾向孔子请教如何才能做一名君子，孔子回答说：“先行其言而后从之。”（《为政》）意思是说，一名君子，对于要说的话，总是先实行了，然后再说出来。孔子又说：“古者言之不出，耻躬之不逮也。”（《里仁》）古代有道之人不会轻易发表言论，因为他们害怕自己的行动赶不上自己的言语。所谓行动赶不上自己的言语，就是指无法将自己所说的话真正地落到实处。

据《论语》记载，孔子的弟子子路便是一个勇于实践，力求做到知行合一的人。《公冶长》篇记载："子路有闻，未之能行，唯恐有闻。"意思是说，子路听到了什么道理，如果还没有来得及去实行，唯恐又听到新的道理。子路之所以会担心，并不是因为他不愿意再去学新的知识，而是担心自己学了太多，却来不及将所学落实到行动中。当然在现代社会，信息传播的渠道很多，与子路生活的时代的情况已不可同日而语，我们很难做到将所见所闻都亲自实践一番。但是，子路总是努力将行为和所知统一起来的这种品质，是值得称道的。

孟子继承了孔子的知行思想，并进行了进一步发挥。孔子提倡的言行一致的思想，在孟子这里得到了深化。在人性论方面，孟子持性善论，强调每个人都有"四端"，即恻隐之心、羞恶之心、辞让之心、是非之心。孟子认为这四端就是善的萌芽，是人与禽兽之别。因此我们应该要好好培养善端，扩而充之，落实到我们的实际行为中。进一步说，从事政治活动的人，应该切实地推行仁政，不能将一些好听的话仅挂在嘴边，而应该将其实现出来，让老百姓受惠。

虽然孔子、孟子并没有明确地讨论知行的关系问题，但是从上面的介绍可知，他们的思想中其实包含着知行不可分离、"知"必须见于"行"的主张。荀子明确对知行关系进行了论述，他注重践履，主张学以致用。

荀子说："不闻不若闻之，闻之不若见之，见之不若知之，知之不若行之，学至于行之而止矣。行之，明也，明之为圣人。圣人也者，本仁义，当是非，齐言行，不失豪（毫）厘，无它道焉，已乎行之矣。故闻之而不见，虽博必谬；见之而不知，虽识必妄；知之而不行，虽敦必困。"（《荀子·儒效》）没听到不如听到，听到不如见到，见到不如了解，了解不如应用，实践才是学习的最终目的。能实行才是真正地明白了事理，真正地明白了事理就是圣人。圣人以仁义为根本，恰当地判断是非，言行一致，不出现丝毫的差错，这并没有别的道理，就在于他能把学到的东西付诸行动罢了。所以只听不见，虽然听到的很广博，但必定有谬误；见到了而不真正了解，虽然有所认识也必定有错误；了解了但不实行，虽然了解的内容充实，但也必定感到困惑。

荀子强调学问的广博纯粹，君子掌握的学识不全面、不纯粹，就不能算是完美，因此要反复诵读以求融会贯通，思考探索以求领会通晓，效法良师益友来实践它，排除有害的东西来培养保护它。但学习一旦脱离实践，就不成为真正的学习。完全、彻底地掌握了所学的东西，才能称为学者。"学至于行之而止"，我们只有将知识付诸实践，才能说真正掌握了它。

先秦儒家的论述，构成了后世学者讨论知行关系的基础。接下来，我们分别来看看中国历史上有关知行关系的四个著名观点，即知行合一、知行相须、知行相资、知难行易。以下本章的叙述，是按照这个顺序展开的，并不是按照历史顺序，这是要说明一下的。

知行合一

知行关系直到宋明时期才真正成为一个热门话题。思想家们纷纷就知行问题提出了自己的看法，王阳明的“知行合一”说是其中的经典之论。

朱熹在知行关系上提出了一个著名的论断：“论先后，知为先；论轻重，行为重。”（《朱子语类》卷九）其大意是，在先后顺序上，先有“知”而后才有“行”；但是在重要性上，那就是“行”比“知”更为重要。举例来说就是，在“知”和“行”的先后顺序上，我们只有先知道了应该要孝顺父母的道理，然后才去做孝顺父母的事情，但是我们实实在在地去做孝顺父母的事情比我们仅仅懂得这一道理更为重要。这便是朱熹知先行后的观点。

由于朱熹的学说在当时具有深刻而广泛的影响力，所以他的这种知先行后的思想也被人们普遍认同。到了王阳明生活的时代，社会的主流思想仍是朱熹的理论。但是王阳明认为，如果像朱熹那样主张知先行后，就容易造成“知”和“行”割裂的情况。例如，有人从书本上学到了一些做人的道理，讲起来头头是道，但是在现实生活中，他

◆ 王阳明故居

并没有按照这些道理去做。如果有人质问他，你为什么言行不一，说一套做一套呢？他可以辩解说，"知"在先，"行"在后，所以在道理还没有完全学透彻之前，可以先不着急践行。

这种辩解当然不是朱熹知行学说的本意，因为他既认为知先行后，又提倡知轻行重。但是，当时社会上的确有些知识分子沉湎于书本，只知道读死书而不去积极践行，只知道埋头苦学而不懂得如何运用。另外还有些人则完全反过来，以为不用学知识，就能够把事情做好，所以一意孤行、胡作非为。这两种人就是将"知"和"行"完全割裂开来了。

针对这些弊端，王阳明开始反思朱熹的理论，进而在知行关系上提倡"知行合一"说。王阳明认为，"知"是指良知，它是我们生而有之的。良知本身就蕴含着实践的动力，因此，一旦我们体证到自身本来就有的"良知"（"真知"），其内在的动力便会推动我们去实践，将"知"转化为"行"。"知"已经内在地包含了"行"，或者说，"知"和"行"两者本来就是一个东西，说一个"知"就已经包含了"行"，反过来说一个"行"也同样已经包含了"知"，所以知行是一而二、二而一的。

如同孟子所举的例子，当见到小孩要掉入井中，人都会生恻隐之心，当下便会援手相救，王阳明认为，这是“良知”的自然显露和发挥作用，就如同见到好的颜色时自然喜欢，闻到恶臭时自然厌恶一般，是人本身具有的“良知良能”。所以王阳明说：“知是行之始，行是知之成。若会得时，只说一个知，已自有行在；只说一个行，已自有知在。”（《传习录》上）如前所述，这里的“知”是指“良知”，它知善知恶。

不过，一旦涉及具体的施救措施，就需要有具体的知识和技能，光有道德意识是不够的。例如，如果小孩已经落水，施救需要注意方法；在小孩被救起来之后，如果遇到紧急情况，还要对他采取相应的急救措施，这也需要一定的知识和技能。王阳明的“知行合一”说并不否定这些，他只是告诉我们：“知”与“行”在具体的操作上，虽有时间上的先后差别，但它们在本质上是不可分离的，只求“知”而不求“行”，只求“行”而不求“知”，都是没有意义的。

前面我们多处提到了德性之知与见闻之知（良知与见闻）这一对概念。有人或许会问，二者到底是何关系呢？如果二者不相干，各自完全独立，那么，即便我们接受“知行合一”说，也并不意味着我们一定会去学具体的知识技能，没有知识技能，我们又如何去完成道德实践呢？

可见，这个问题的解决，对于知行关系的探讨，是必不可少的。

见闻之知（见闻）并不能直接等同于我们现在所说的科学知识，但二者的性质是一样的，都是关于客观事物的知识，即我们在第四章“从游”一节讲到的“外延真理”。王阳明是如何看待良知与见闻的关系的呢？关于这个问题，王阳明有如下论述：

> 良知不由见闻而有，而见闻莫非良知之用，故良知不滞于见闻，而亦不离于见闻。孔子云：“吾有知乎哉？无知也。”良知之外，别无知矣。故“致良知”是学问大头脑，是圣人教人第一义。今云专求之见闻之末，则是失却头脑，而已落在第二义矣。近时同志中盖已莫不知有致良知之说，然其功夫尚多鹘突者，正是欠此一问。大抵学问功夫，只要主意头脑是当，若主意头脑专以致良知为事，则凡多闻多见，莫非致良知之功。盖日用之间，见闻酬酢，虽千头万绪，莫非良知之发用流行，除却见闻酬酢，亦无良知可致矣，故只是一事。若曰致其良知而求之见闻，则语意之间未免为二，此与专求之见闻之末者虽稍不同，其为未得精一之旨则一而已。“多闻，择其善者而从之，多见

而识之”，既云“择”，又云“识”，其良知亦未尝不行于其间；但其用意乃专在多闻多见上去择识，则已失却头脑矣。”（《传习录》中）

尽管王阳明仍偏重致良知，但上面的论述已基本点明了在他看来良知与见闻的辩证关系。在王阳明看来，良知并不由见闻而产生，但见闻都是良知的作用。所以，良知不限于见闻又不离于见闻。但良知之外，没有别的知。所以，致良知是为学的要旨，是圣人教学生的第一要义。只在见闻的细枝末节上寻求，那就失去了为学的要旨，落入了第二义。学问工夫的关键在于抓住根本，若将致良知视为根本，多闻多见无不为致良知的工夫。日用之间，见闻应酬，虽千头万绪，但无不是良知的发挥与流行。除却见闻应酬，有何良知可致？所以说良知与见闻实为一体。如果分开说良知、见闻，则与局限于见闻的细枝末节的人类似，都是没有了解到根本的思想。良知是见闻的根本，见闻即为良知的发挥，但若限于见闻，就失去了为学的本旨。这便是王阳明的“良知是体，见闻为用”的体用一源的思想，这也构成了其“尊德性”与“道问学”一体说的基础。

虽然中国传统的格致思想也包含对见闻之知的重视，如朱熹、吴廷翰等人的认识论都含有知识的方面，特别是吴廷翰等人更强调现代科学意义上的“知”，王阳明的致良知说也肯定了知识的重要性，但是，中国传统文化并未发展出一套我们现在所说的科学知识体系。我们在近代为此付出了巨大的代价，终于在五四运动中发出了重视科学的呼声。现代新儒家学者牟宗三以良知坎陷说论述科学思想，从儒学的立场，在现代重新回应上述问题。

知行相须

古代在知行观方面，除王阳明提倡的“知行合一”说外，朱熹的知行观也产生了很大的影响。朱熹主张“知行相须”，意思是说“知”和“行”是相互联结和相互依赖的。

但与王阳明不同，朱熹认为“知”和“行”是两种不同的工夫，“知”中不包含“行”，而“行”中也没有包含“知”。他首先对“知”和“行”是两种工夫进行了论证。他说：“《中庸》言博学，又言笃行，则学与行自是两事。”（《朱文公文集》卷四十七）朱熹的意思是说，在《中庸》中，既谈到了博学的工夫（“知”），又谈到了笃行的工夫（“行”），所以求知的工夫和力行的工夫自然是两件不同的事情。《中庸》本是《礼记》中的一篇，相传是孔子的孙子子思所著。朱熹将它与《礼记》中的另一篇——《大学》单独拿出，与《论语》《孟子》一起合称为“四书”，是重要的儒家经典。历代儒者以这些先秦儒家经典为宗，朱熹也不例外，他在《中庸》中为自己的观点找到了根据。

那什么是求知的工夫？什么是力行的工夫呢？朱熹认为，求知的工夫就是学习，力行的工夫就是践习。以现代的例子打个比方，我们不知道如何管理一家公司，便去购买一些管理学方面的书籍，经过一段时间的研读，掌握了管理的知识。从对管理公司一无所知，到了解了很多公司管理的知识，这是求知的工夫。但到这一步，我们学到的还仅仅是理论知识，如何运用这些知识来管理公司，这是力行的工夫。在朱熹看来，求知的工夫和力行的工夫是有先后顺序的。

“知”与“行”虽是两种不同的工夫，但二者是相互依赖、相互促进的。朱熹曾生动地将“知”和“行”比喻成目和足的关系。他说：“知、行常相须，如目无足不行，足无目不见。”（《朱子语类》卷九）如果我们只是追求“知”，忽略实实在在的践行，就像一个人只有眼睛而没有腿脚一样，虽然有欣赏这个世界的能力，但是却无法通过自己的腿脚去各个地方欣赏；而如果我们只是追求践行而忽略了“知”，那就像一个人只有腿脚而没有眼睛一样，虽然可以去世界的各个地方，但是什么风景也看不到。“知”和“行”犹如有眼无足不能走路，有足无眼看不见路，二者不可偏废。朱熹认为，“知”告诉我们一个前行的方向，“行”则是我们实实在在地朝着这个方向前行，故“知之愈明，则行之愈笃；行之愈笃，则知之益明”（《朱子语类》卷十四）。

朱熹还将“知”与“行”比喻成人的两条腿。一个人能够正常走路，仅有一条腿是不够的，需要两条腿相互配合。我们在走路的时候，左腿和右腿是不断变换先后位置的，只有双腿不断地变换先后，我们才能不断地向前。一个人要想走得远，就得不断地“相先后行”。如果一条腿疲软了，那就一步也前进不得。双腿“相先后行”的比喻，说明“知”与“行”不仅是互相依赖的，也是相互促进的。

我们所学的知识，需要通过力行来巩固和强化，我们践行得越有力，对知识的体会也就越深刻。反过来，所学知识越深刻，我们的实际行动就会越通达。就像上面提到的管理公司的例子，我们对管理的知识学得越深刻，在管理实践中就会愈发得心应手，反过来，实际的工作又会促进我们的认识，让我们对理论知识的体会愈发深刻。这就是“知”与“行”的相互促进。

不过，在朱熹看来，虽然“知”“行”是互相依赖、互相促进的，但二者并非没有先后、轻重的次序。就先后而言，当以求知为先；就轻重而言，当以力行为重。还是举前面的例子，我们不能在没有任何知识的情况下，就去管理一家公司。换言之，我们应当先学习管理的知识，再去从事管理的工作。这是以求知为先。但求知是为了力行，我们学习管理知识，其目的是管理的实践，至少是为了更好地实践。这是以力行为重。两个方面合起来，便体现了朱熹主张的“知先行后”“知轻行重”的原则。

四

知行相资

在知行关系上，明末清初的思想家王夫之提倡“知行相资”。所谓知行相资，就是强调“知”与“行”之间的相互凭借、相互依赖、相互补充和相互促进，不可偏废其中任何一方。

王夫之知行观的前提是“知”“行”相分。他与朱熹一样，认为“知”和“行”是两个不同的概念，不能混为一谈。不过他认为，“知”与“行”的功能虽不同，但二者并非彼此孤立、相互绝缘的，而是互相包含、不可分离的。因此他对朱熹的知行观有所批评，认为其“知先行后”说，将“知”和“行”分作两节，好似有一个孤立的“知”的工夫，又有一个孤立的“行”的工夫，这样便无法正确认识事物。

王夫之提出了“知行相资以为用”“并进而有功”的知行合一观。他说：

> 知行相资以为用。惟其各有致功，而亦各有其效，故相资以互用，则于其相互，益知其必分矣。同者不相为用，资于异者乃和同而起功，此定理也。不知其

各有功效而相资，于是而姚江王氏“知行合一”之说，得藉口以惑世。(《礼记章句》卷三十一)

在这里他又批评了王阳明。可见，他的“知行合一”与王阳明的“知行合一”是不同的，王夫之主张分而后合，他所谓“合一”是以“行”为重心的合一。

尽管“知”“行”相互作用，但它们的重要性并不是相同的。王夫之认为，在认识的过程中，力行、实行是主导的方面，“知者非真知也，力行而后知之真”(《四书训义》卷十一)。王夫之强调“行”，重视实践及其功效，这是与他所处的时代密切相关的。当时的一些学者“离行以为知”，或者沉溺在训诂、辞章之中，或者逃避现实，身心如槁木死灰。因此，他重视实行效验。

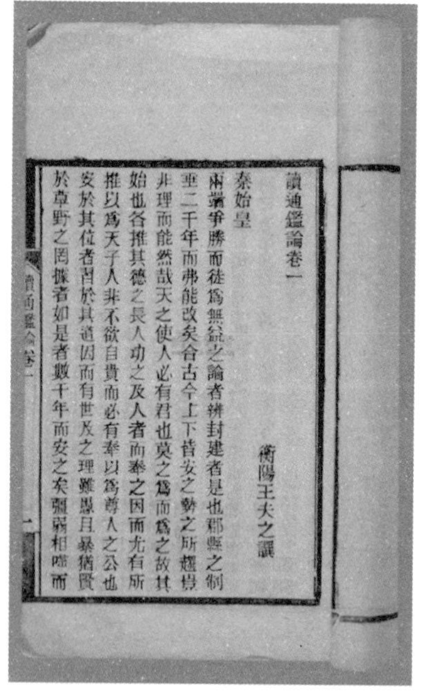

讀通鑑論卷一

衡陽王夫之譔

秦始皇

兩端爭勝而徒爲無益之論者辨封建者是也郡縣之制垂二千年而弗能改矣合古今上下皆安之勢之所趨豈非理而能然哉天之使人必有君也莫之爲而爲之故其始也各推其德之長人功之及人者而奉之因而尤有所推以爲天子人非不欲自貴而必有奉以爲尊人之公也安於其位者習於其道因而有世及之理雖愚且暴猶賢於草野之罔據者如是者數千年而安之矣彊弱相噬而

◆ 王夫之画像和《读通鉴论》书影

知难行易

如前所述，在《尚书》中有“非知之艰，行之惟艰”这样的话，“知易行难”的观点由此延续了几千年。直到近代，孙中山先生才提出相反的看法：知难行易。

孙中山先生所说的“知”，是指运用理性方法所形成的关于客观世界的认识，包括科学知识和革命理论；他所谓的“行”，是指生产活动、科学实验、社会生活和革命斗争。他对“知”“行”范畴所做的新的解释，赋予了二者以比较纯粹的认识论意义，这突破了中国古代知行观的思想框架，具有近现代认识论的特点。

孙中山为什么会提出“知难行易”说呢？这跟当时的社会环境有很大的关系。孙中山先生历经艰辛领导了辛亥革命，推翻了清王朝统治，但革命的胜利果实很快就被袁世凯窃取，接下来是军阀统治、混战连连，虽然孙中山又领导了反对北洋军阀的斗争，但屡屡遭遇失利。这些情况使孙中山意识到，有必要去总结这些失败的教训，找出其原因。

经过探索与反思，孙中山认为革命遭遇失败的一个重要原因是“非知之艰，行之惟艰”这一观点所带来的负面影响。

人们受“行难”说的影响，要么惧怕革命行动，要么在革命遇到困难的时候畏首畏尾，不能坚持到底、百折不回。这种情形对当时的革命产生了非常大的危害。在孙中山看来，人的自然心理是避难趋易的，传统的思维模式都认为“知易行难”，这就在无形之中在人的心理上设置了一道障碍，使人们害怕行动、畏难苟安，并因此而为自己的懒惰懈怠找到一个心安的借口。

孙中山甚至认为，当时的中国之所以贫弱衰败，就是因为中国长期以来受到“行难”思想的消极影响，导致中国人不敢轻易尝试、畏首畏尾，最终在近代被西方列强超越，受其欺凌。如果继续让“行难”的思想荼毒中国人的心灵，中国可能会有亡种灭族的风险。因为某种理论推行起来比较困难，就产生畏难的心理，这会导致革命者少，而且会动摇革命的意志，最终导致革命的失败。

此外，“知易”的观点也可能导致人们轻视科学理论知识，使得我们国家的科技水平落后于西方国家。孙中山认为，正确地把握事物的规律，不是一件容易的事情，“知易”的观点会让人们轻视理论，认为理论知识的获得是轻而易举的，便不去深究。但实际上，看似简单寻常的事物背后，可能隐藏着深奥的科学规律，人们对理论知识的忽视，会造成缺乏对内在规律的深入研究，从而导致科学的不发达，影响社会的发展进步。因此，孙中山希望人们重视科学理论知识，不畏艰难，勇于实践。

为了说明“知难行易”，孙中山列举饮食、用钱、作文、建屋、造船、筑城、开河、电学、化学、进化等十事来加以解释。以饮食为例，人自呱呱坠地便会饮食，饮食被视为日常生活中最普通易行的事情，但人类饮食所涉及的生理学、营养学、卫生学，以及食物的生产、运输、分配、储备等，却是即使专业研究者也未必都能研究明白的学问。再如用钱这件事，我们的衣食住行，每一样都需要用钱，我们几乎每天都会为此花钱，是稀松平常的事情。但由此形成的货币理论却不是人人共知的，它需要专业的人员做专门的研究，才能为人所知。又如作文一事，中国历史上，古往今来，不知多少文人作过多少文章，但是关于语法和逻辑方面的学问，直到近代才从西方传来。又比如，电学、化学等方面的很多发明，研究者花费了数十年的时间才研究出来，但一旦研究出来，便很快就得到了广泛的应用。要言之，我们生来就会饮食，每天都在用钱，很多人也经常写写文章，这些事情我们都在做，但是关于饮食的道理、货币的学问、文章的语法等知识却少有人知。凡此种种，证明获得理论知识比从事实际行为更加困难。

孙中山的“知难行易”说，是针对“知易行难”说所带来的弊害而提出来的，其目的是强调“行”的重要性，鼓励人们要不畏艰难、勇于实践，还要重视理论知识方面的研究。在当时的社会背景下，他提出“知难行易”说，主要是想号召民众勇敢地站出来，支持他的革命建国事业，跟当时的落后势力斗争到底，建立一个美好的国家。总的说来，不管是“知难行易”，还是“知易行难”，都有其合理性，也有其弊端，我们对此要有辩证的认识。

知行合一、知行相须、知行相资、知难行易，是中国历史上关于知行关系的有代表性的学说，它们各有侧重，各有其问题意识。比如王阳明提出“知行合一”说，他关心的是道德实践的动力问题，在王阳明的学说中，本心既是理，也是情，既是判断原则，也是践履原则，因此这一问题能得到合理的解决。又如孙中山先生提出“知难行易”说，其目的是为了号召民众积极参与到革命事业中来。

文化关键词

读万卷书，行万里路

多读书，多走路。比喻要努力读书，尽可能多地丰富书本知识，掌握间接经验；同时要尽可能多地接触实际，丰富自己的亲身体验，开阔眼界，增进见识。理论与实际相结合，间接经验与直接经验相结合，既有真才实学，又能学以致用。

知行合一

对“知”“行”关系的一种认识。王阳明基于心学“心外无理”的主张，提出了“知行合一”说。他认为，对人伦日用之道的体认与践行不能割裂，二者是一体的两面。心中有所“知”必然会付诸行动，“行”是“知”的自然运用。若不“行”，便不是真正的“知”。另一方面，“行”也必然会带来深刻切实的认知。若没有“知”，仅仅是不自觉的或迫不得已的行为，便不能实现端正之“行”。

智圆行方

头脑圆通，行为端正。智圆：无所不知，即知识完备，考虑周全，灵活通达。行方：有所不为，品行方正，按规矩做事，不投机苟且。这是中国古人推重的为人处世的理想状态，它是知与行、才与德、灵活性与原则性的辩证统一。

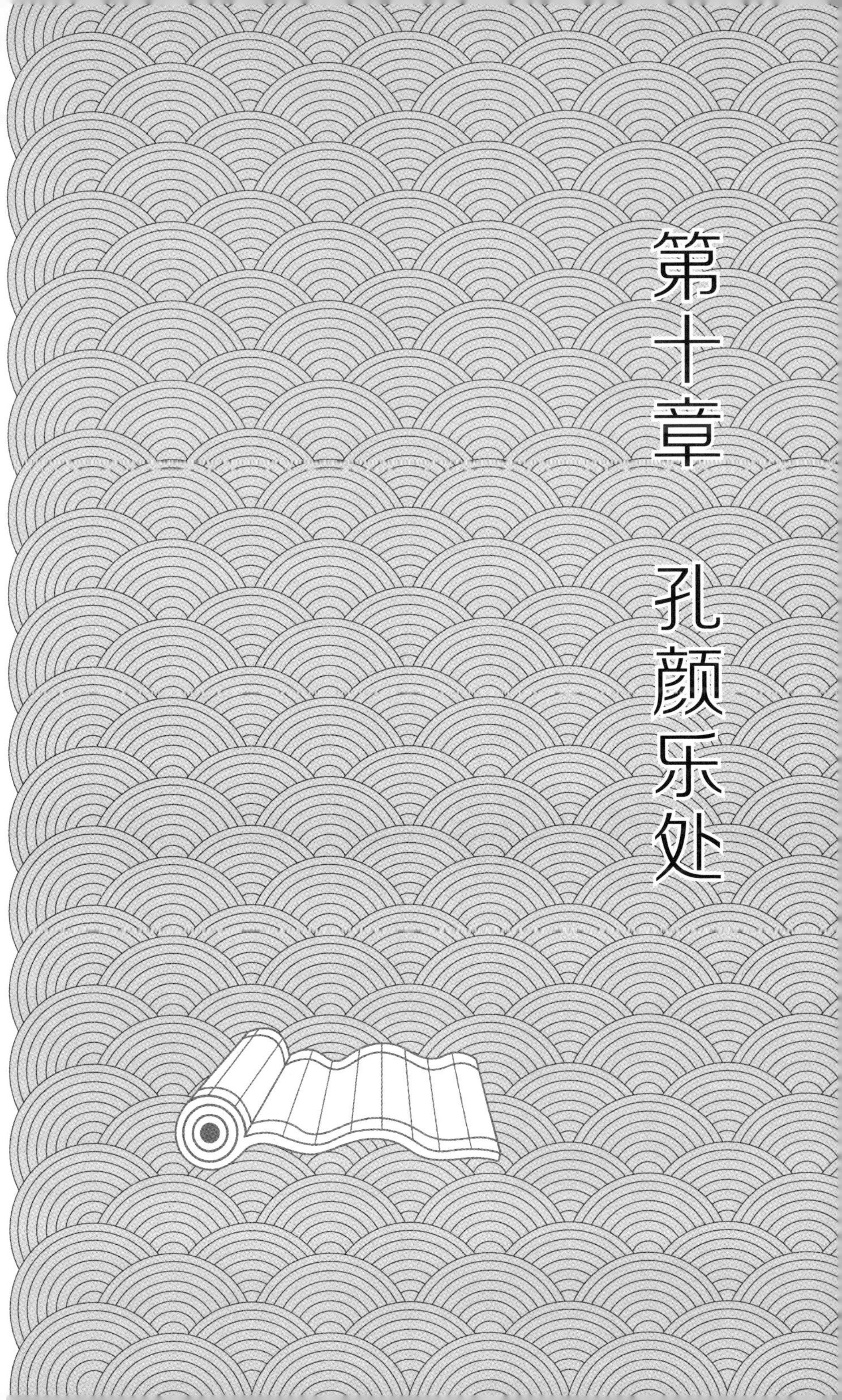

第十章　孔颜乐处

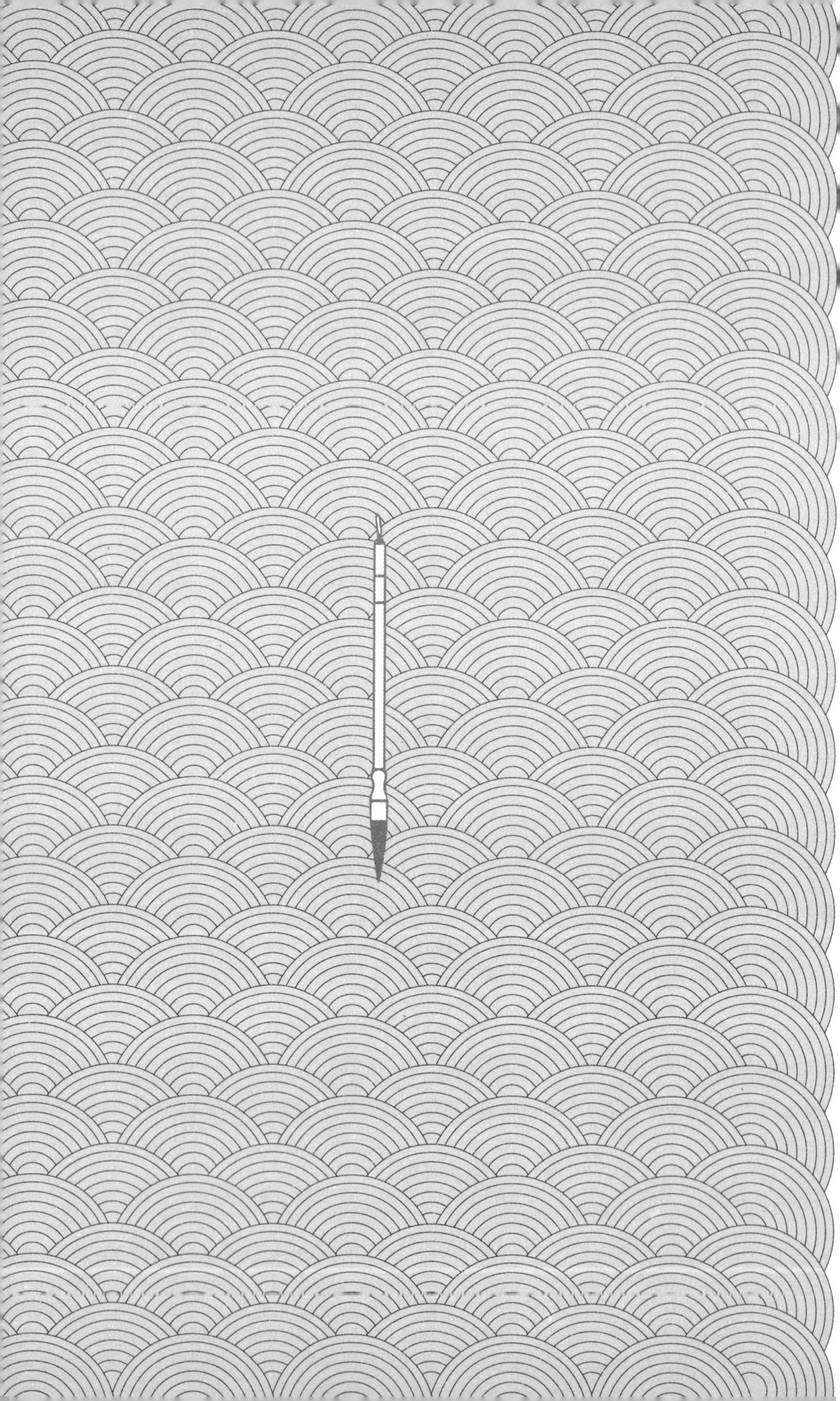

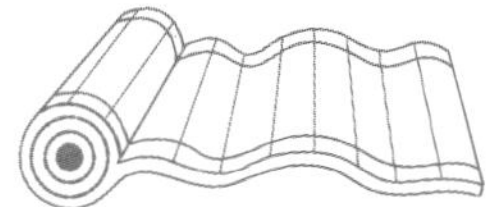

孔子说："吾十有五而志于学，三十而立，四十而不惑，五十而知天命，六十而耳顺，七十而从心所欲，不逾矩。"（《为政》）他的这段自述，十分清晰地展示了一位君子通过不断地学习、实践，最终达到与天道相契合的精神境界的生命历程。"从心所欲，不逾矩"呈现出来的是一种自由自在、自得其乐的人生气象，这体现了儒家思想中洒脱自如的一面。

《周易》中说："夫'大人'者，与天地合其德，与日月合其明，与四时合其序。"（《周易·乾卦》）这里的"大人"是指德行高尚、志趣高远的人，他超越了外在的种种局限和束缚，具有内在的充实与快乐，呈现出一派洒脱和乐的气象，达到了个人生命与宇宙生命融合无间的自由境界。

孔子又说："文质彬彬，然后君子。"（《雍也》）气质温文尔雅，行为举止端正，这样的人才是一名谦谦君子。他文采和实质均备，既有真诚的内在情感和纯正的品质，又有恰当的文饰、仪态等外在精神面貌。在他身上实现了质与文、内在与外在、精神与仪态的统一。只有把这两个方面完美地结合起来，才算是一名真正的君子。

孔颜乐处

“孔颜”是指孔子和颜回，他们追求的快乐并不在于物质享受，而在于人的精神境界的提升，所以他们能安于贫困的处境，并不以物质享受为乐，而是以信守道义为乐。“孔颜乐处”体现了安贫乐道、达观自信的处世态度与人生境界。

宋代的周敦颐将孔子、颜回对待个人生活和物质享受的恬淡态度及对道义的追求概括为“孔颜乐处”，认为这是儒家的人格理想，并鼓励学生去追寻“孔颜乐处”的境界。《二程集》中有一段话：“昔受学于周茂叔，每令寻颜子、仲尼乐处，所乐何事。”“二程”即北宋理学家程颢与程颐，周茂叔即撰写《爱莲说》的周敦颐。周敦颐为官清廉，乐善好施，生活俭朴而处之泰然，深得孔子、颜回安贫乐道、淡泊名利的人格精髓。

周敦颐在南安时只是一个普通的小官吏，不为人所知，但是“二程”的父亲程珦却慧眼识珠，看出周敦颐其实是很有才学的人，就让他的两个年少的儿子程颢、程颐跟从周敦颐学习。后来他们回忆起周敦颐的教诲时，就说了上面的这句话，意思是说当初跟从周敦颐先生学习的时候，他经常让

◆周敦颐画像

我们去探求、体会孔子与颜回能够在贫困中始终保持快乐的原因。

周敦颐的这个问题，与《论语》中的两段话有关。其一见《雍也》篇，孔子说:“贤哉，回也！一箪食，一瓢饮，在陋巷，人不堪其忧，回也不改其乐。贤哉，回也！”这一句称赞颜回虽然贫困，但还是很快乐。其二见《述而》篇，孔子说:“饭疏食饮水，曲肱而枕之，乐亦在其中矣。不义而富且贵，于我如浮云。”这一句认为虽然生活简单，但简单的生活里也是有快乐的，做不义的事来获得富贵，是不该做的。大概世人多认为富贵使人快乐，生活艰难使人痛苦，所以不少人汲汲于富贵，而孔子和颜回在贫困的生活中还很快乐，因此人们往往乐于探求，孔子和颜回乐在何处。

孔子并非反对富贵本身，而是认为，若得之不义，便不应该取，即所谓“富与贵，是人之所欲也；不以其道得之，不处也”(《里仁》)。孔子和颜回所乐之事，在“道”而已。物质条件不是乐之与否的标准。从中也可见君子与小人的区别，“君子喻于义，小人喻于利”(《里仁》)。志于道义的是君子，志于利禄的是小人。孔子、颜回身处贫困之中而始终不改其乐的关键，就在于他们的志向。他们的志向无关乎外在生活环境的舒适，而在于自身道德生命的完满和精神世界的充实。他们追求的不是政治际遇的通

◆清 恽寿平《荷花芦草图》

达、物质财富的富足，而是道德人格的完美和人生价值的实现。

物质财富和人的欲望本身没有对错。“饮食者，天理也；要求美味，人欲也。”（《朱子语类》卷十三）眼睛的官能不过是看，舌头的官能不过是尝，耳朵的官能不过是听，鼻子的官能不过是嗅。“心”的官能才是思。想看美好的事物，只是心想看；想尝美味的食物，只是心想尝；想听好听的乐曲，只是心想听；想嗅香味，只是心想嗅。“好恶无节于内，知诱于外，不能反躬，天理灭矣。”（《礼记·乐记》）如果好恶之情得不到心的节制，深陷于外物的诱惑，人就会不能返回自身的本性，人所禀赋的善良本性就丢失了。借用下文将要讲到的“文质彬彬”，人的欲望也是一种“质”，欲望本身并没有错，但如果心不忠于它的职守，不能节制欲望，不求精神的充实完满，而沉湎于欲望的满足，这就可能出错。

君子必须有超乎于名利的追求，因为一个人的道德生命与精神世界是比名利更加宝贵的东西。如果人们能够在道德生命与精神世界里真正有所得，就可以得到精神上的愉悦，它比从物质欲望的满足中得到的快乐更多。精神的愉悦，是在简陋的物质条件下也可以实现的，就算是“饭疏食饮水，曲肱而枕之”，“一箪食，一瓢饮，在陋巷”，也丝毫不影响内心的充实与快乐。这并不是说贫贱本身让人快乐，而是对道义的追求和精神世界的充实可以让人达到超乎富贵利禄的人生境界。在现实生活中，这种超越的情感的一个明显的表现就是“乐”，即一种超越于贫富、超越于得失的由内而外的快乐。

据《先进》篇记载，子路、曾皙（名点，他是曾子即曾参的父亲）、冉有、公西华四个人陪孔子坐着聊天。内容译为现代文是这样：

> 孔子说：“我比你们年长，不要因为我在就不敢讲话。你们平时总说：‘没有人了解我。’假如有人了解你们，那你们要怎样去做呢？”
>
> 子路赶忙回答：“一个拥有千辆兵车的国家，夹在大国中间，边境有外敌入侵，国内又出现饥荒，让我去治理，只要三年，就可以使人们变得勇敢，而且懂得礼仪。”
>
> 孔子微微一笑，又问：“冉求，你怎么样呢？”
>
> 冉有答道：“土地纵横各六七十里或五六十里的小国家，让我去治理，三年以后，就可以使人人富足。至于这个国家的礼乐教化，那只有等君子来施行了。”
>
> 孔子接着问：“公西赤，你怎么样？”
>
> 公西华答道：“我不敢说能做到，而是愿意学习。

在宗庙祭祀或同别国的盟会中，我愿意穿着礼服，戴着礼帽，做一个司仪者。”

孔子最后问：“曾点，你怎么样呢？”

这时曾皙弹瑟正近尾声，“铿”的一声将瑟放下，站起来回答说：“我的志向与他们三位所讲的不一样。”

孔子说：“那有什么关系呢？不过是各人谈谈自己的志向啊。”

曾皙说：“暮春三月，已经穿上了春天的衣服，我和五六位成年人，带上六七个小孩，去沂水边洗洗澡，在舞雩台上吹吹风，一路唱着歌走回来。”

孔子长叹一声说：“我赞许曾点的想法啊。”

这便是著名的“吾与点也”的典故。与子路、冉有、公西华所谈的志向相比，孔子更加赞同曾皙的志向，所以才会有“吾与点也”的感叹。那么曾皙的志向有什么独特之处呢？其中最重要的一点就是前三位的志向，不管是内政还是外交，都是实际事务，必然关联于现实的利益，而曾皙的志向则有很大的不同，虽然他描述的是春游，但其中表达了对名利的超脱，对人生得失的超越。这是一种沉浸在精神世界中的洒脱态度和悠然自得的心境，不管何时、何地都能怡然自得。这种境界是在经历了长期的德性修养与浸润之后，内心产生的超脱外在束缚和自身生理限制的精神力量。有了这种精神力量，不论是否被理解、被重用，在自然的山水中，在诗词歌赋中，在指尖拨弄的琴弦中，以及在最平凡的日常生活中，都能自得其乐、通达自在。

充实之谓美

人有知（认知）、情（情感）、意（意志）三种能力，三者分别以真、美、善为目的，完善的人格是真、善、美三者的统一。分开来说，真是高度的智慧和广博的见识，善是高尚的品德，美是优雅的外在形式；统一起来说，三者虽各有侧重，但都是“道”的体现，彼此交融。

与真、善交融在一起的美，体现为一种精神上的富足与快乐，“孔颜乐处”体现的正是这种快乐。如果我们摆脱了外在的物质束缚与名利的限制，便会体验到超越功利的精神之乐。“学而时习之”是读书之乐，“有朋自远方来”是交友之乐，“人不知而不愠”是为己之乐，“下学而上达”是自得之乐。

关于善与美，孔子有尽善尽美的说法。根据《八佾》篇的记载，孔子在评价“韶”与“武”这两种乐曲时，说前者“尽美矣，又尽善也”，而后者“尽美矣，未尽善也”。在孔子看来，美（美感）不同于善（道德），二者都有独立存在的价值，因此“尽善”不等于“尽美”，“尽美”也不等于“尽善”。艺术只有符合形式美的要求，才能给人以感官的

◆明 佚名《孔子圣迹图》之《在齐闻韶》

愉悦；另一方面，艺术又必须符合道德的要求，必须包含道德的内容，才能引起美感。因此孔子主张“尽美尽善”，实现美与善的统一。美是形式，善是内容，形式和内容应该是统一的，即艺术的形式应该是美的，而其内容应该是善的。

孔子的快乐是精神上的愉悦。他赞扬颜回穷居陋巷，箪食瓢饮，又说：“饭疏食饮水，曲肱而枕之，乐亦在其中矣。”（《述而》）同时，孔子提倡追求人生修养的处世态度，游憩于礼、乐、射、御、书、数“六艺”之中：“志于道，据于德，依于仁，游于艺”（《述而》）；“兴于《诗》，立于礼，成于乐”（《泰伯》）；“知者乐水，仁者乐山”（《雍也》）。孔子的“吾与点也”之叹（详见《先进》），表达了儒家在入世情怀中，也有潇洒自在的意趣。

孟子也主张美既要有内在的道德品质，也要有文采可观的外在表现形式。对于什么是美，孟子说过这样一句话：“可欲之谓善，有诸己之谓信，充实之谓美。”（《孟子·尽心下》）其大意是，值得喜爱的是善，自己确实具有善便是信，善充满在身上便是美。美就是将我们固有的先天善性扩展贯注于人格之中，并表现于外在的感性形式之中。换言之，人将其内在的道德品质，表现充盈于外在形式当中，这便是美。

◆明 仇英《赤壁图》（局部）

孟子曾以“牛山之木”为喻，牛山之木本来是美的，因为它充分地获得了阳光、雨露和各种养分，能够尽其天性而成其美。但是后来就遭到了人类与牛羊的破坏，变得光秃秃的，失去了本来的美。人也一样，如果人顺着自己的本性、良知而发展，这就是美，不过，人们有时会丢失本然的善性，便不再美了。进一步说，万事万物都有它的本性，如果顺着本性发展下去，自然就会是美的，如果戕害了本性，违背本性而发展，就不美了。美就是人的本真状态的外在呈现。

人们常用“赤子之心”一词来表示人的本真状态。它是指如新生儿般善良、纯洁、真诚的心性。老子说：“众人熙熙，如享太牢，如春登台；我独泊兮，其未兆，如婴儿之未孩。”（《老子・二十章》）这段话的意思与孔子“吾与点也”之叹有相通之处。其大意是，众人都熙熙攘攘、兴高采烈，好像去参加盛大的筵席，又像春天登台眺望景色；只有我淡泊宁静，没有形迹，好像还不知嘻笑的婴儿。真正有大智慧的人，不是一个精于算计、患得患失的人，而是一个童心未泯、从容大度的人。孟子说：“大人者，不失其赤子之心者也。”（《孟子・离娄下》）有德行的人能保持婴儿般天真纯朴之心，因此能以童心般的新奇和纯真面对世界。纯洁的心不抱有成见，不囿于成规，能始终保持开放性、想象力与敏锐性。具有赤子之心的人是生命力旺盛的人，朝气蓬勃，富有好奇心和创造力。这种状态呈现出来便是美。

需要指出的是，在中国文化中，“美”字的产生很早，古人很早就在谈“美”，但古汉语中并没有专门的“美学”一词。它与“科学”“体育”等术语一样，是在近代翻译西方词汇而形成的专门术语。“美学”是英语中“aesthetics”一词的意译。在西方世界，美学概念首先是由18世纪的德国哲学家鲍姆加登提出。

将美学的理论应用在教育中，以启发人们对美的兴趣、培养正确的审美观念的教育活动，便是“美育”。美育的目的在于陶冶性情、充实人生、变化气质，及启发人的高尚思想。美育这一概念是德国文学家、哲学家席勒在18世纪末提出来的。他在其名著《审美教育书简》中认为，审美对于人的精神自由，对于人性的完满，是必不可少的，只有当人审美的时候，他才是完全的人。

在中国，最早将美育列入教育方针的是蔡元培，可见于他在1912年发表的《对于教育方针之意见》，1917年他又提出“以美育代宗教”。美感可以破除人我差别与利害关系，所以美育可以陶养人的性情，逐渐提升人的境界。此后于1930年，他又论及德育、智育和美育三者的关系，并以之来说明美育的重要性。他说：

> 美育者，应用美学之理论于教育，以陶养感情为目的者也。人生不外乎意志；人与人互相关系，莫大乎行为；故教育之目的，在使人人有适当之行为，即以德育为中心是也。顾欲求行为之适当，必有两方面之准备：一方面，计较利害，考察因果，以冷静之头脑判定之；凡保身卫国之德，属于此类；赖智育之助者也。又一方面，不顾祸福，不计生死，以热烈之感情奔赴之；凡与人同乐，舍己为群之德，属于此类；赖美育之助者也。所以美育者，与智育相辅而行，以图德育之完成者也。（《教育大辞书》[1]，“美育”条目）

教育虽以德育为中心，但德育并不能涵盖智育和美育，换句话说，智育和美育都有各自独立的价值，对于德育都有重要作用。三者并不能相互替代，而是相辅相成的关系。

1 商务印书馆1930年出版。

文质彬彬

文质彬彬是指文采和实质均备，配合谐调，后用以形容人举止文雅有礼。语出《雍也》篇："质胜文则野，文胜质则史。文质彬彬，然后君子。"意思是说，朴实多于文采，未免粗野；文采多于朴实，未免虚浮；文采和朴实配合适当，才是君子。文质彬彬是内在德性与外在礼仪的统一。

什么是"礼"呢？在中国古代，礼在广义上可以看作"礼乐刑政"治国方略的统称，包括社会规范、文化制度、刑法政令、行为方式等，具有政治、伦理、法律、文化等多重价值。这是广义地说礼。狭义地说，礼是社会生活中由风俗习惯而形成的行为准则和道德规范，表现为各种仪文形式。

在中华文明的历史演进中，礼有其继承性和变革性，体现出中国制度文化因革损益、与时偕行的品质。特别是商周之际的变革，使敬德保民、努力人事、谨慎尽责的思想得到重视，民意被提升到很高的高度，因之给中国早期人文精神打上了道德的自主性和内在性的烙印。

周公制礼作乐，在增删、厘定夏、商两代典章制度的基础上，创立适应社会需要的制度、秩序与规范。在当时，礼被视为“天之经也，地之义也，民之行也”（《左传·昭公二十五年》）、“国之纪也”（《国语·晋语四》），认为是天经地义，是民众必由之路，是国家的纲纪。孔子生活在春秋末期，此时“礼崩乐坏”，周礼逐渐失去了社会制约作用和对个人道德的规范力量，原先互动共制、融为一体的德礼体系开始分离。

周代的礼乐制度，当然有时代的限制。孔子并不固执于过时的礼，他主张因革损益，力图拯救礼乐中所包含的信念与道德精神。他的贡献是为礼寻得内在的根基。孔子说“吾从周”，但他要维护的并非教条的礼节形式，并非这些外在于人之生命的繁文缛节，而是礼背后的道德精神，也即“仁”。他说：“人而不仁，如礼何？人而不仁，如乐何？”（《八佾》）又说：“礼云礼云，玉帛云乎哉？乐云乐云，钟鼓云乎哉？”（《阳货》）仁德是礼乐文化的真实内涵。如果失去内在的精神，繁琐的礼仪、行礼所用的玉帛和钟鼓，就只是徒具形式的仪式和物品，失去了礼的社会价值和道德意义。

礼是内容与形式的统一。孔子并不是排斥礼的规范义，他反对的是拘泥于礼文仪节。他说：“君子义以为质，礼以行之，孙（逊）以出之，信以成之。君子哉！”（《卫灵公》）

君子对待事业或一件事情，以合宜为原则，以礼来实行，用谦逊的语言表达，用诚信的态度完成。这表明：义在内，礼在外；仁义是内容，礼文是形式。又说："射乡之礼，所以仁乡党也；食飨之礼，所以仁宾客也。"（《礼记·仲尼燕居》）通过各种礼来"亲"邦国、百姓、朋友，"仁"乡党、宾客等。可见，礼的功能在规范秩序、节制欲望、增进交往、和谐社群、培养君子人格等。

孟子溯源得更深，关于礼的本质，他直接诉诸本心，"辞让之心，礼之端也"（《孟子·公孙丑上》）。与孟子主张性善不同，荀子主张性恶。在荀子看来，正因为人性本恶，所以才需要以礼义、法制来教育、改造和制约人性。人的物质欲求需要通过社会规范来进行调节、疏导、约束甚至压制，才不致造成纷争混乱。关于礼的来源与本质，他认为："礼有三本：天地者，生之本也；先祖者，类之本也；君师者，治之本也。"（《荀子·礼论》）荀子认为礼有三种本源：天地是生命的本源，先祖是族类的本源，君师是政治的本源。三者偏缺一种，就无从安定人民。所以，在荀子看来，"礼上事天，下事地，尊先祖而隆君师，是礼之三本也"（《荀子·礼论》）。祭祀天地和先祖、尊重君师逐渐演变成礼制，规范当时人们的行为。

从社会与人的性情的角度看，荀子认为，礼起源于对人的自然本性、欲望情感的限制，起源于人们没有限制的欲求与社会有限的财富之间的矛盾。他说:“礼起于何也？曰:人生而有欲，欲而不得，则不能无求；求而无度量分界，则不能不争；争则乱，乱则穷。先王恶其乱也，故制礼义以分之，以养人之欲，给人之求，使欲必不穷于物，物必不屈于欲，两者相持而长，是礼之所起也。”（《荀子·礼论》）在荀子看来，人们正当的物质欲求需要满足，但财富毕竟有限，因此只能按社会名分等级来确立消费的多寡，以解决需求和生活资料供给之间的矛盾。

荀子认为，人们的生存离不开社会，一个社会的组成及其秩序化，要靠社会分工和等级名分制度加以确立，礼是维系一个社会正常运转的纽带。他提出，人之所以能优异于动物就在于人能“群”。而人之所以能“群”，是因为能“分”。靠什么“分”？靠礼。人是社会性的动物，面对自然，面对野兽，必须联合成社会群体，而任何群体，必然有一定的组织形式。荀子认为，群体内部要有分工和合作，要有等级名分，并以此决定物品的分配，避免发生争斗和内乱。他提出“明分使群”的命题，认为明确各人的职分是人能“群”的前提，而礼是维持“分”的手段。礼一旦制定，就不能违反。荀子探讨了在当时的物质生产条件下礼起到的作用。

礼常与乐连用，称为“礼乐”。礼与乐虽各有所侧重，

◆ 曲阜孔庙 金声玉振坊

礼主别异，乐主合同，礼主治身，乐主治心，礼自外作，乐由中出，但如荀子所说，礼、乐是相互配合发生作用的。“且乐也者，和之不可变者也；礼也者，理之不可易者也。乐合同，礼别异，礼乐之统，管乎人心矣。”（《荀子·乐论》）礼乐不仅调节人们的物质需求，也满足人们的精神需求。儒家的治道，是一种教化形态，它也包含法治、刑政，但主要是通过礼乐教化来提升每一个人的人格。以礼节民，以乐和民。礼乐刑政，相辅相成。《礼记·乐记》说：“故礼以道其志，乐以和其声，政以一其行，刑以防其奸。礼、乐、刑、政，其极一也，所以同民心而出治道也。”

一个真正感到快乐与富足的君子，他既有真诚的内在情感和纯正的品质，又有恰当的仪态、举止等外在精神面貌。这是质与文、内在与外在、德性与仪表的统一，并且不论其中哪一方面做得不够，真正的君子都会感到不安，因此也就不会感到真正的快乐与宁静。只有把这两个方面完美地结合起来，才能真切感受到俯仰自得的快乐，而这其实也就是“文质彬彬”的君子境界。

“孔颜乐处”是指安贫乐道、自得其乐的处世态度与人生境界。如果我们坚持自己的理想信念，即使环境困难也自有乐趣。这是一种超功利的精神愉悦，也就是我们现在所说的“美”。人都生活在现实世界之中，有时难免会有实用、功利的现实考虑，但任何名利的取得都应符合道义。而且人们只有从对世俗名利的追求中跳出来，与实用功利拉开距离，才能真正洒脱自在，才能真正体验到美和精神的愉悦。

与功利拉开距离，并不是离开人的生活实践。王艮说："百姓日用条理处，即是圣人之条理处。"美感体验就发生在日用常行之中，关键是看我们用什么心态来对待生活。

文化关键词

孔颜之乐

孔子、颜回的自得之乐。“孔颜之乐”是儒家尤其是宋明理学家所推崇的一种精神境界。常人往往不堪忍受贫困的生活，但孔子、颜回却能不受简陋的物质条件的困扰，而保持一种快乐的精神境界。“孔颜之乐”体现着对物质欲求的超越，是在对天理、人伦的深刻体认与追求中所获得的一种内在的快乐与幸福。

温柔敦厚

指儒家经典《诗经》所具有的温和宽厚的精神及教化作用。秦汉时期的儒学认为，《诗经》虽然有讽刺、劝谏的内容，但是重在疏导，不直言斥责，大多数诗篇情理中和，在潜移默化中使读者受到感化，养成敦实忠厚的德性，从而达到以诗教化的目的。温柔敦厚的诗教观是儒家中庸之道的体现，以中正、平和为审美标准，这也成为对于文艺创作风格的要求，体现为以含蓄为美、以教化为重。

安贫乐道

安于贫困而乐于守道。在孔子与儒家看来，对于道义的学习与执守，并不是出于任何功利的目的，而是发自内心的认同，是毕生追求的最高目标。因此，以道义为最高准则的人，不会以违背道义的方式去追求富贵，即便在物质生活上陷于贫困，也能够以执守道义为乐。

第十一章　经世济民

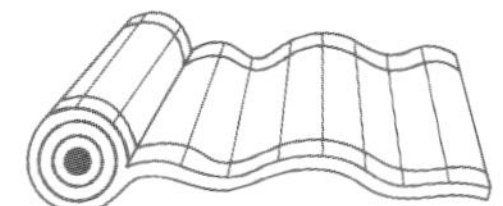

在现代社会，“经济”是使用频率最高的词汇之一。现在我们说的“经济”一词，是指与人类生产、分配、交换和消费活动的目标、行为及模式有关的一个概念。它是近代由日本学者借用中国原有词汇翻译英文“economy”一词而来。如果我们对经济一词追根溯源的话，其内涵和外延都经历了一个转变的过程。跟其古典意义比较起来，它的内涵逐渐偏离了原来的含义，所涵盖的范围不断窄化。

在中国传统文化中，经济是指经国济世、经邦济民。“经”的本义是指织布机上的纵线，后引申出“治理”“经历”“经典”等义。“经邦”“经世”等词内涵较为接近，都是指治理国家。“济”字含有救助、济助之意。《尚书·武成》中“尚克相予以济兆民”一句里的“济民”就是救助百姓的意思。

经济一词首次出现是在《晋书》中，长沙王司马乂致书其弟司马颖说："同产皇室，受封外都，各不能阐敷王教，经济远略。"这里经济一词是经邦济世之义。由此可见，中国传统意义上的经济一词是指以国家、人民为对象的一种道德实践活动，其本身含有济助百姓、安定社会的意思。

利用厚生

中国最早的关于经济思想的讨论，可追溯至儒家的“六府三事”之说。据《尚书·大禹谟》[1]记载，在禹历时多年终于完成治水大业之后，舜与禹、皋陶、益等几个臣子讨论政务，并打算将帝位禅让。他们各抒己见，谈论他们对治国之政的看法，禹说道：“德惟善政，政在养民。水、火、金、木、土、谷惟修，正德、利用、厚生惟和，九功惟叙，九叙惟歌。”

禹的这段话的意思是说，对统治者而言，德就是要善于治理政事，政事则在于让百姓生活得更好。对于如何让百姓生活得更好，禹接着提出了“六府三事”说。水、火、金、木、土、谷合称“六府”，这六种物资是人民赖以生存的根本，所以要治理好。正德、利用、厚生则是善政的内涵，合称“三事”。正德指端正德行，利用指充分发挥物的作用，厚生指使民众生活丰足。“六府三事”总称“九功”。“九功”指这九件事，只有将这九件事安排好，才能获得老百姓的称颂。

1 据后人考证，《大禹谟》是伪古文，但其内容并非全为伪。“六府三事”思想也见于《左传·文公七年》。

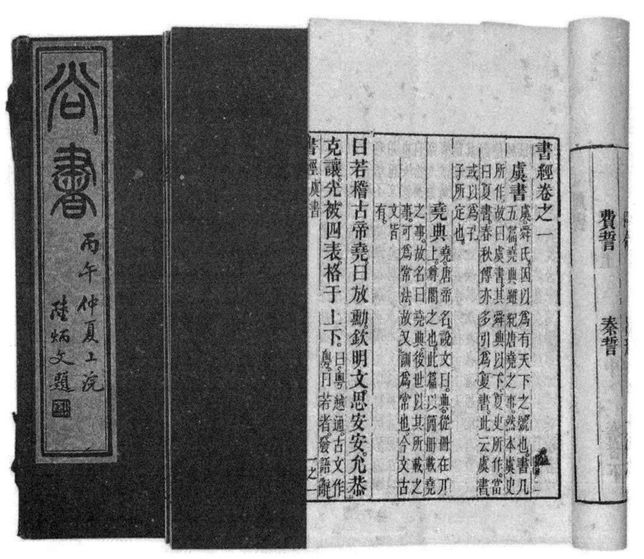
尚書
丙午仲夏上浣
陸炳文題
書經卷之一
虞書
堯典
曰若稽古帝堯曰放勳欽明文思安安允恭
克讓光被四表格于上下
費誓
秦誓

◆《尚书》书影

“六府三事”说比较系统地阐释了儒家经世济民的思想。首先是正德，它是政治的基础，只有上位者自正其德，才能率领、影响他下面的人，才能治理好国家；其次是利用，它是指统治者要节俭，不奢靡浪费，使物尽其用；最后，正德和利用的落脚点在厚生，意指统治者要薄征徭，轻赋税，不夺农时，使人民丰衣足食。

统治者执政的基础是自正其德，执政的要义在于使人民安居乐业。孔子有“庶、富、教”之说，也将解决人民物质生活问题摆在了重要的位置。有一次孔子去卫国，弟子冉有为他驾车，他们在路上有一段对话，译为现代文是这样：

孔子感慨说：“这里的人口众多呀！”

冉有听到后就问老师：“既然人口已经这么多了，那么统治者接下来应该做什么呢？”

孔子回答：“要让人们富裕起来。”

冉有又问：“那么当人们都富裕起来之后，统治者又该做什么呢？”

孔子接着回答：“应当教育他们。”（《子路》）

与对统治者的要求不同，孔子认为对于老百姓来说，生活富足才是首要的，只有当人民衣食充足、安定无忧之后，才能实现对他们的教化。正如管仲所言："仓廪实则知礼节，衣食足则知荣辱。"（《管子·牧民》）使人民生活富裕、安居乐业是统治者执政行为的根本落脚点，这是中国传统经济思想的重要特征。

孟子丰富了这一思想的内涵，他坚持了经济须以"利用、厚生"为先的原则，在孟子看来，统治者的根本任务就是安民、保民，而安民、保民的关键在于制民之产。人们有基本的生活和生产资料，能足以养父母妻儿，在好年成的时候能够丰衣足食，坏年成的时候也不至于饿死，只有这样老百姓才能安乐无忧、顺从教化。"此惟救死而恐不赡，奚暇治礼义哉？"（《孟子·梁惠王上》）如果每个人用全力救活自己的生命都来不及，哪里有时间学习礼义呢？

前面讲到中国传统意义上的"经济"，含有济助百姓、安定社会的意思，这实际上涉及一项重要的区分，即修己、治人之别。据《颜渊》篇记载，在足食、足兵、民信的价值排序中，孔子认为民信最高，足食次之，足兵最低。[1]这种排序已经确定，但是历代注解《论语》的学者对民信的解释颇有出入，归纳起来有两种：一种是将其解释为民宁愿饿

1 子贡问政。子曰："足食，足兵，民信之矣。"子贡曰："必不得已而去，于斯三者何先？"曰："去兵。"子贡曰："必不得已而去，于斯二者何先？"曰："去食。自古皆有死，民无信不立。"（《颜渊》）

死也不失信于统治者（如朱熹），另一种则认为孔子的意思是统治者无论如何不可失信于民（如孔安国、刘宝楠）。综观《论语》全书，此处孔子所言之“信”理应解释成统治者自己必须达到信的标准，以使人民相信他。现代新儒家学者徐复观认为：“先秦儒家，凡是在政治上所提出的要求，都是对统治者而言，都是责备统治者，而不是责备人民，这可以说是一个‘通义’，此即‘德治’的本质。…… 民信的信，自然不是对人民的要求，而只是对统治者的要求。”[1]就财富多寡与道德标准的关系而言，孟子认为对士、民应有不同的要求：“民之为道也，有恒产者有恒心，无恒产者无恒心”（《孟子・滕文公上》）；“无恒产而有恒心者，惟士为能”（《孟子・梁惠王上》）。

虽然修己、治人在儒家被看作一件事情的两面——修己是治人的根本，治人是修己的归宿；但是二者却分别被安设在两个不同群体身上，二者的标准也是完全不同的。徐复观认为：“修己的学术上的标准，总是将自然生命不断向德性上提，决不在自然生命上立足。决不在自然生命的要求上安设价值。治人的政治上的标准，当然还是承认德

1 徐复观：《释〈论语〉“民无信不立”》，《学术与政治之间》，台北：学生书局，1980，第298页。

性的标准；但这只是居于第二的地位，而必以人民的自然生命的要求居于第一的地位。治人的政治上的价值，首先是安设在人民的自然生命的要求之上；其他价值，必附丽于此一价值而始有其价值。孔子在修己上主张‘居无求安，食无求饱’；甚至要求‘杀身成仁’。但在政治方面，则只是‘节用而爱民’，‘因民之利而利之’，以至‘老者安之，少者怀之’。孟子对士的主张是‘尚志’，是‘仁义而已矣’；但在政治方面则认为‘救死而恐不赡，奚暇治礼义哉’，可见他认救死比礼义重要。”[1]若以修己的标准去治人，认为民宁可饿死而不可失信，这种论调势必将演变成思想杀人的悲剧；若以治人的标准来律己，误认为儒家精神只是停顿在自然生命之上，这就将儒家修身以求仁德的思想核心抹杀掉了。

有一次，滕国国君向孟子请教怎样治理国家，孟子说："民事不可缓也。……民之为道也，有恒产者有恒心，无恒产者无恒心。苟无恒心，放辟邪侈，无不为已。"（《孟子·滕文公上》）其大意为，关心人民是治理国家最为紧迫的事情，人民有一个基本情况：有一定产业收入的人才有一

1 徐复观：《释〈论语〉“民无信不立”》，《学术与政治之间》，台北：学生书局，1980，第299页。

定的道德观念和行为准则，没有一定的产业收入的人便不会有一定的道德观念和行为准则。人们如果没有了道德观念和行为准则，就会胡作非为违法乱纪，什么事都做得出来。等到他们犯了罪，再去处罚他们，这等于是陷害。哪有仁爱的统治者当政却做出陷害老百姓的事呢？所以贤明的君主一定要敬业，节省用度，礼遇臣下，尤其是征收赋税要有一定的制度。

对于如何制民之产，孟子也提出了一些有建设性的想法。首先，孟子尤其重视土地对于人民生产、生活的作用，他提到每一户人家都应有百亩农田、五亩宅院。孟子曾经向齐宣王推广他的仁政学说，他说道："王欲行之，则盍反其本矣：五亩之宅，树之以桑，五十者可以衣帛矣。鸡豚狗彘之畜，无失其时，七十者可以食肉矣。百亩之田，勿夺其时，八口之家可以无饥矣。谨庠序之教，申之以孝悌之义，颁白者不负戴于道路矣。老者衣帛食肉，黎民不饥不寒，然而不王者，未之有也。"（《孟子·梁惠王上》）孟子建议齐宣王从根本处着手。授予每户农家五亩地的宅院，四周种植着桑树，这样一来，五十岁以上的人就有丝织的衣服穿了。不要耽误饲养鸡狗和猪这类牲畜，那么七十岁以上的人就有肉可以吃了。一家给一百亩田地，并且不去耽误他们的农时，八口人的家庭就可以吃饱肚子了。办好各级学校，反复地用孝顺父母、敬爱兄长的道理来教育他们，那么须发花白的人就不至于头顶身背重物在路上行走了。老年人有丝织的衣服穿、有肉吃，普通老百姓都不冻不饿，这样还不能使天下归服的，那是从来都没有的事情。

应当给每户农家分配足够的土地，这是孟子经济思想的基础和根本。然而历史上土地的兼并经常会发生，不仅造成大量的失地流民，且土地的过于集中也不利于社会的发展。因此，孟子提出“经田界”的思想，来防止老百姓的土地被豪强掠夺。他说：“夫仁政，必自经界始。经界不正，井地不钧（均），谷禄不平，是故暴君污吏必慢其经界。经界既正，分田制禄可坐而定也。”（《孟子·滕文公上》）所谓经田界，即明确划分田间界限。孟子认为，统治者如果真的想施行仁政，一定要从划分明确田界开始。田界不明确，田地的大小就会不均，作为俸禄的田租收入也就会不公平、不合理，所以暴虐的君王和贪官污吏一直都轻视田间界限的划分。田间界限明确了，人们土地的分配，官员俸禄的制定，都可以很容易地决定了。

孟子认为统治者不要与民争利，并应在一定程度上实行自由的市场政策。他说：“市，廛而不征，法而不廛，则天下之商皆悦，而愿藏于其市矣；关，讥而不征，则天下之旅皆悦，而愿出于其路矣；耕者，助而不税，则天下之农皆悦，而愿耕于其野矣；廛，无夫里之布，则天下之民皆悦，而愿为之氓矣。”（《孟子·公孙丑上》）廛是储藏货物的地方或民居。给予空地储藏货物，但不征收货物税，遇上滞销，依法征购，不让它长期积压，那么天下的商人都会高兴，愿意把货物存放到这样的市场上；关卡只稽查不征税，那么天下的旅客都会高兴，愿意经过那里；从事农业的人，实行井田制，只助耕公田，不再征税，那么天下的农民都会高兴，愿意耕种这样的土地；人们居住的地方，没有额外的劳役税和地税，那么天下百姓都会高兴，都愿意来这里居住。在保民、安民、富民的基础上，再对民众实行人伦教化，就能实现社会的安定和谐。

司马迁曾引《周书》说：“农不出则乏其食，工不出则乏其事，商不出则三宝绝，虞不出则财匮少。”（语见《史记·货殖列传》）虞是古代掌管山泽的官，这里泛指开发山泽资源的人。农民不种植就会使粮食缺乏，工匠不制造就会使器物缺乏，商人不开展贸易就会使三宝隔绝不通，虞人不生产就会使财物匮乏。这四个方面，是人民吃饭穿衣的根本。如果充足，人民生活就会富饶；如果缺少，人民的日用则会匮乏。让农、工、商、虞都很好地发挥作用，才能使国家富强、家庭富足。

人民安居乐业，这才是经济活动的目的。统治者必须将保障人民的生活作为执政的根本内容，正如孟子所说“保民而王”，爱民、安民，使百姓获得生存资源，接受教育，安定地生产，幸福地生活，此乃官方的基本职能，是赢得民心的前提，也是权力正当性的依据所在。这是“民本”“仁政”思想的具体体现。

经世济民

如前所述，经世济民是中国传统经济思想的重要特征，在历史上，人们对它进行了许多卓有建树的探索和实践。

春秋时期齐国的管仲就曾通过一系列“经世济民”的措施，使得齐国快速富强起来，齐桓公“九合诸侯，一匡天下”，成为春秋五霸之首。管仲在担任齐相后，进行了一系列的改革。

首先，管仲非常强调人民的作用，他认为国家政策的制定要顺应民心、民情，而藏富于民则是国家经济政策的出发点，“凡治国之道，必先富民。民富则易治也，民贫则难治也”（《管子·治国》）。在他看来，人民富裕则必会追求安定，人民都追求安定了，社会、国家也必然会稳定。

管仲将发展农业生产作为富民的重要途径，他改革土地制度，力主“均田分力”的举措，将土地分给农民，让他们按家庭进行农业生产，从而大大提高了他们的积极性。在农业生产之外，管仲也重视工商业的作用。他修筑道路，方便关市，以鼓励工商业的发展。除此之外，管仲还重视发展社

◆管仲画像

◆战国·齐 子禾子青铜釜

会救助事业，强调“衣冻寒，食饥渴，匡贫窭，振罢露，资乏绝”（《管子·五辅》），给贫穷的人们基本的衣食，使他们不致冻死饿死。

其次，管仲提出了“四民分业”的主张，即将士、农、工、商按照社会分工的不同，划分为四大不同的群体。这四大群体按照他们的职业分别定居，并且将职业世袭化。在管仲看来，如果让士、农、工、商杂居在一起，他们的语言就会相互混淆，他们的职事也会搅乱。所以应当让士居住在学校附近，让农民居住在田野附近，让工匠们居住在官府附近，让商人的居所靠近市场。这样一来，不仅可以方便人们开展同行业间的交流，而且他们的后代从小就生活在比较单一的环境中，耳濡目染之下，技艺可以得到更好的传承。这一主张具有保守性，但也反映了当时的生产力状况和人们关于分工的观念。

最后，管仲尤为强调“利出一孔”的重要性，即由国家来垄断、控制货币的发行及主要商品的流通。这样不仅可以快速地实现国富民强，还能有效地控制物价，保障民生。

有一年，齐国的西部发生了水灾而在闹饥荒，东部粮食丰收了而粮价非常便宜，于是齐桓公想用东部的低价粮食来补助西部，便问管仲怎么解决。管仲回答说：“今齐西之粟釜百泉，则鏂二十也。齐东之粟釜十泉，则鏂二钱也。请以令籍人三十泉，得以五谷菽粟决其籍。若此，则齐西出三斗而决其籍，齐东出三釜而决其籍。然则釜十之粟皆实于仓廪，西之民饥者得食，寒者得衣。”（《管子·轻重丁》）釜、鏂、斗，是容量单位；泉即钱，是货币单位。

当时齐国西部的粮食每釜要一百钱，而东部的粮食则每釜只需要十钱。因此管仲建议齐桓公下令，每人三十钱的税款，须折算成粮食来缴纳。这样，齐国西部每人出粮三斗就可以完成，齐国东部则要拿出三釜。如此一来，东部便宜的粮食进了粮仓，西部的百姓就可以得到救助，饥者得食，寒者得衣。这样，东西两地得以相互补助，远近各方也就得到调节了。

通过管仲一系列经济思想在齐国的实践，齐国迅速实现了富强，齐桓公成为春秋五霸中的首位霸主，管仲因其辅佐齐桓公“尊王攘夷”的功业也被历代思想家所肯定。

到了宋代，社会高度繁荣，但当时的官僚体系非常臃肿，再加上边境上长期的战争，导致中央财政一直不宽裕。腐败的政治和孱弱的军事国防，使得宋朝在“靖康之耻”后，丢掉了半壁江山，偏安于江南。这些现实的困境，使得有识之士纷纷思考强国之路。

在这些思想家中，以陈亮为代表的浙东功利学派尤为引人注目。陈亮反对当时占主流的理学思想，指责理学家长于空谈而疏于实事，提出“盈宇宙者无非物，日用之间无非事”(《经书发题·书经》)。在他看来，只有能解决危机、实现国家富强的思想才是有意义的。

陈亮立足于当时的社会现实，提出了一系列经世济民的方法：

首先，国家应当以农业为本，这是社会安定、人民富足的前提。统治者治理国家，最为重要的任务就是重视农业，农业发展得好，农民富足了，民力也就提高了，从而整个国家的实力也会得到提高。

其次，统治者要重视商业的作用。陈亮反对过去“重农抑商”的思想，肯定人民追求财用的正当性，强调要保护商人的利益。他认为商业和农业是一体的，具有同等重要的地位，二者是相互补充、相互促进的关系。

第三，统治者要重视国家的财源问题。陈亮针对当时混乱的财政体制，提出应当将财政权统一起来，并精简机构，裁撤冗员。还提出要适当放宽郡县的权力。

陈亮所倡导的经世济民的“事功之学”，在当时社会上产生了不小的影响，叶适曾记述：“今同甫书具有芒彩烂然，透出纸外，学士争诵惟恐后，则既传而信矣。”(《陈同甫王道甫墓志铭》)但在理学占据主流的时期，经济思想一直被压制，并未受到官方的重视。

到了明朝后期，理学（取广义）越来越流于空疏，其弊病也越来越明显。很多士大夫平日里不管不问现实当中国家、社会所面临的困难，只顾高谈心性，胸中实无策略，“平时袖手谈心性，临危一死报君王”，而最终的结果就是那场士大夫心中“亡国亡天下”的明清之变。

面对剧烈之变，明清之际的思想家开始进行反思，而反思的焦点就是明朝为何会覆亡，不少思想家认为一个重要原因是理学所带来的蹈虚空疏的学风，因而对理学进行批判的思潮一度兴盛起来，而强调经世致用的实学又一度获得了生命力。

如黄宗羲就在批判理学的空虚的基础上，提出一系列经世济民的主张。首先，要重视学校的作用，学校应成为具有“公其非是”职能的清议机关，从而使“天子亦遂不敢自为非是，而公其非是于学校”（《明夷待访录·学校》）。其次，应当限制土地的兼并。他提倡恢复传统的井田制，并主张给农民授以一定的土地，“田土均之”。第三，他沿袭了传统经济思想的主旨，提出要农、工、商并重。他说道：“世儒不察，以工商为末，妄议抑之；夫工固圣王之所欲来，商又使其愿出于途者，盖皆本也。”（《明夷待访录·财计三》）

与之同时代的顾炎武、王夫之等人，也均对当时社会的现实进行了许多思考。但由于政治环境的改变，这股以经世致用为思考起点的实学之风便被后来兴起的考据之学所替代，考据学家们放弃了对世事、时局的关切，而一味埋身于故纸堆里。

经济

晚清的魏源、龚自珍等学者面对当时国家社会面临的危机，极力反对埋身于故纸堆的考据辞章之学，提倡知识分子应当积极关心时政民情，谋求富国之策。曾国藩在其文章中就主张，应当在传统的学术分类上，增设“经济”一门。他认为义理、辞章、经济、考据四门学问，正好与传统的孔门四科相对应：义理之学，在孔门为德行之科；辞章之学，在孔门为言语之科；经济之学，在孔门为政事之科；考据之学，在孔门为文学之科。而这四门合起来才是完整的学问，缺少哪一门都不行。（《求阙斋日记类钞》卷上）

1898年，时任湖广总督张之洞与湖南巡抚陈宝箴一起向朝廷上奏，主张在科举考试中废除八股文，代之以中国史事、国朝政治论为内容的“中学经济”，以及以各国地理、学校、财赋、兵制、商务、刑律为内容的“西学经济”（《张文襄公全集》卷四十八）。1901年，清朝政府宣布废除八股文考试，而将“经济特科”“经济正科”纳入科举考试之中。“经济特科”中包含“中学经济”和“西学经济”，此处的“经济”仍是传统的经世济民之义，但已经将中、西学术中关于财政、贸易、交通等与现代经济相关的内容列入其中。[1]

最早用汉语“经济”一词来翻译英文“economy”的，是日本学者西周、神田孝平、福泽谕吉等人。从西周开始试译到这一译词的确定，经历了一段较长的时间。当时西周曾考虑，这两个词所指内涵有较大差异，“economy”所指的现代经济并不能涵盖传统经济一词的丰富内涵，所以他一直犹豫不决。经济的本义是经世济民，近代以降，它只剩下追求财富的合理性这一个方面，其真实意义被遗忘，失去了本来的面目。

西方“经济”一词的使用最早可见于古希腊学者色诺芬所著《经济论》，该书书名的希腊文原意是指“家政管理”，书中涉及农业、商业、财政、分工等诸多方面的知识。亚里士多德在一定程度上继承和发展了色诺芬的经济思想，他认为经济学是研究取财、致富之术的学问。他将致富分为农业致富和商业致富，并认为农业致富是自然正当的，商业致富是不自然的和不正当的。除此之外，他还将道德的因素考虑进来，认为财富理应受到道德的约束。在追求财富的过程中，人们的行为应该合乎道德，并且应当在中道原则的指导下处理财富，否则人的德性就会受到损害。

1 参见冯天瑜:《“经济”辨析（上）》,《湖北经济学院学报》2005年第6期，第7页。

从中西方“经济”一词的起源来看，其含义从一开始就存在着一定的差异：中国“经济”一词原本关注的是社会、国家及人民；西方“经济”一词最初主要关注的是家庭内部的生产。

17世纪起，西方“经济学”所关注的范围超出了家庭、家族，逐渐涉及国家、社会的管理，从而发展成为“政治经济学”。19世纪后期，西方经济学的研究逐渐转向了对经济现象的论证，而与政治开始相分离，“经济学”逐渐替代“政治经济学”之名。英国经济学家马歇尔于1890年出版的《经济学原理》一书，便直接以“经济学”命名。至此，现代意义上的西方经济学含义大体定型。

在日本学者对“economy”的译法“经济”被引入中国之前，中国学者一般是采用“富国策”“计学”等译法。19世纪中叶，美国新教传教士丁韪良在京师同文馆开设课程，讲授西方经济学，课程名字沿用宋代李觏《富国策》之名定为“富国策”。后来同文馆将课程所用教材*Manual of Political Economy*（亨利·福西特《政治经济学教本》）刊印，也定名为《富国策》。[1] 严复在翻译英国古典经济学家亚当·斯密的《国富论》一书时，最初拟定译名《计学》，后来在最终成稿

1 参见叶坦：《“中国经济学”寻根》，《中国社会科学》1998年第4期，第64—65页。

时，又根据亚当·斯密原著书名本义将译名定为《原富》。在该书的译者序言中，严复说道："计学，西名'叶科诺密'，本希腊语。'叶科'此言'家'，'诺密'为'聂摩'之转，此言治、言计，则其义始于治家。引而申之，为凡料量经纪撙节出纳之事；扩而充之，为邦国天下生食为用之经。盖其训之所苞至众，故日本译之以经济，中国译之以理财。顾必求吻合，则经济既嫌太廓，而理财又为过狭。自我作故，乃以计学当之……故《原富》者，计学之书也。"（《原富》）梁启超也曾在"富国学""生计学""平准"等词之间犹豫，也在部分场合使用"经济"，但终究还是对这个译词不甚满意。

"经济"一词最终替代其他译词而被人们广泛使用，除了清末民初日译西学著作的传播外，也与孙中山等革命者的积极提倡有重要关系。孙中山、朱执信等经常在文章中使用现代意义上的"经济"一词。1912年，孙中山先生在一次演讲中说道："按经济学，本滥觞于我国。管子者，经济家也，兴盐鱼之利，治齐而致富强，特当时无经济学之名词，且无条理，故未能成为科学。阙后经济之原理，成为有统系之学说，或以富国学名，或以理财学名，皆不足以赅其义，惟经济二字，似稍近之。"[1]在此之后，孙中山先

1《孙中山全集（第二卷）》，北京：中华书局，1982，第510页。

生还在几次大型演讲中力主用“经济”代替之前混用的“富国策”“计学”等词语。由于他的影响力，“经济”一词便逐渐成为意指产品生产、分配、交换、消费活动的专业词语，从而与其传统的经世济民、经邦济世的含义不同。

随着西方现代学术的大量传入，中国开始接受并发展了西方经济学，自此之后，经济学的探讨对象基本集中在外在的财物之上，并且不断向着数学化、模型化发展，在这个过程中，其原本所蕴含的传统人文精神愈加淡化，对家国天下的深厚关切，逐渐演变成单纯的对物质财富的追求。从积极意义上说，这对于传统的伦理经济学是一个纠正，对社会生产的快速发展和人们生活水平的提高起到了重要作用。但是如果放弃伦理道德对经济的制约，也会带来许多新的问题，消费主义的盛行使得本身作为目的的人类反而有逐渐被工具化的趋势。不过令人欣慰的是，这一问题也被许多有识之士所认识，近年来经济学发展中出现了新的趋势，行为科学、伦理规范、制度变迁等逐渐受到重视。从政治学、社会学、文化学等广泛视野来分析经济问题，已经成为一种新的趋势。

文化关键词

利用厚生

充分发挥物力的效用，使民众生活富裕。古人认为，良好的政治在于“养民”，让民众生活富足。“利用”讲的是统治者应当节俭而不奢靡浪费，使物尽其用；“厚生”讲的是减轻徭役赋税，使民众生活安宁、富裕、幸福。它是中国近代民生主义、社会主义的思想渊源之一。

经世致用

学术要对国家和社会的治理发挥实际效用。“经世”即治理国家和社会事务，“致用”即发挥实际效用。17世纪思想家顾炎武、王夫之、黄宗羲、李颙等人倡导学术研究要关注现实，通过解释古代典籍，阐发自己的社会政治见解，解决社会实际问题，以增进国家治理、民生安定、社会改良。这一思想强调知识的政治价值和知识分子的现实担当，体现了中国传统知识分子讲求功效、务实的思想特点和“以天下为己任”的情怀。

修齐治平

“修身”“齐家”“治国”“平天下”的缩写。以个人自身修养为基础逐步向外扩展，先治理好家庭，进而治理好邦国，更进而安抚和治理天下百姓。这是中国古代儒家伦理哲学和政治抱负的一个重要命题，体现了儒家由个人而家而国而天下层层递进的道德政治观。在逐步向外扩展的过程中，个人的德行和修养与不同层面的政治抱负息息相关。

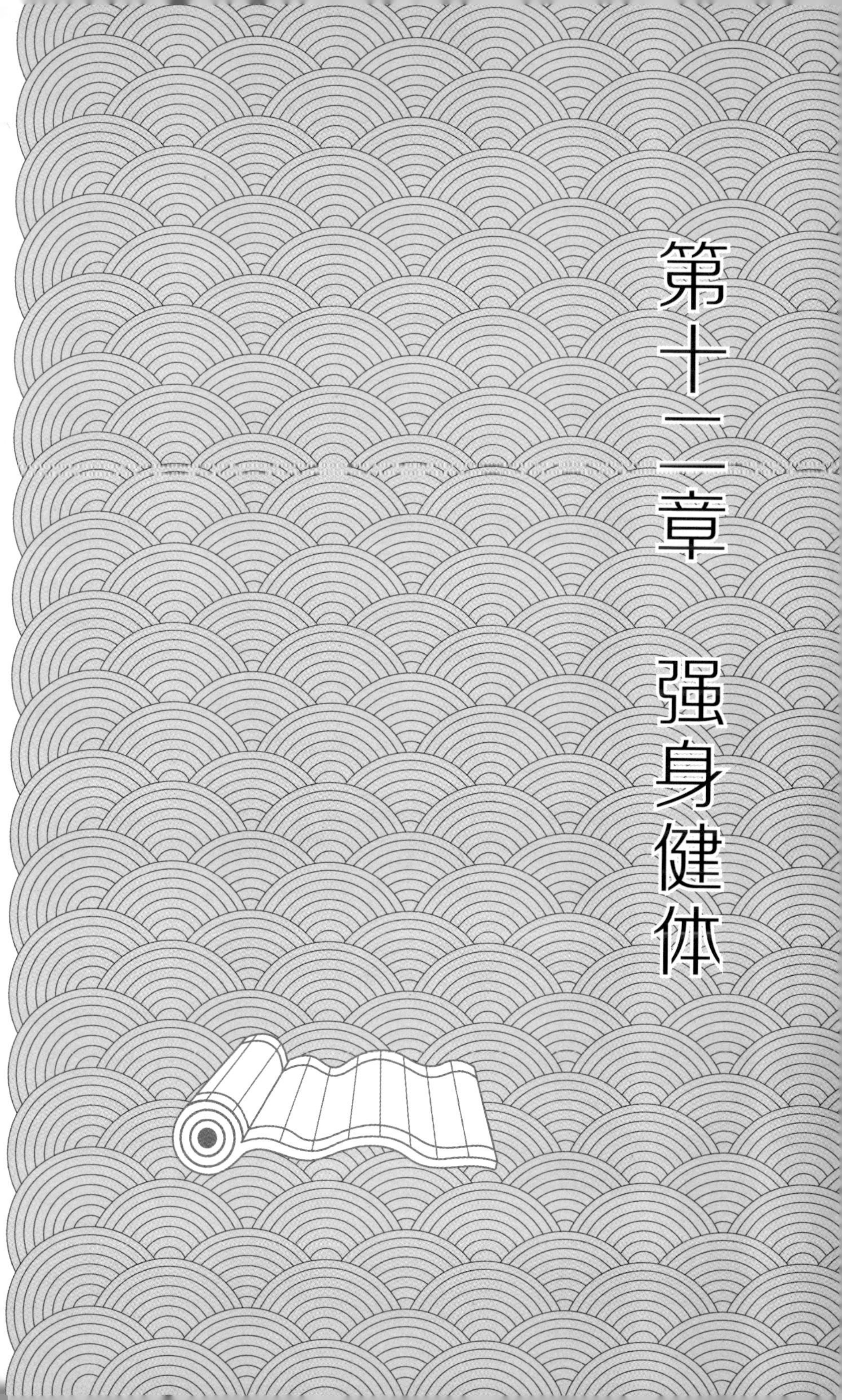

第十二章　强身健体

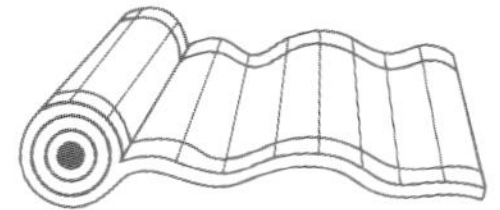

“体育”是人类社会进入近代以后才出现的一个词。1876年，日本学者近藤镇三以汉字词“体育”对译英文中的“physical education”，表达“身体的教育”“体操练身”等含义。清末民初，“体育”一词传入中国。此后，“体育”逐渐成为“为增强体质和获得增强体质的技能而进行的教育及活动”内涵的学科名称。

虽然“体育”一词出现较晚，但是体育现象和体育内容则是与人类社会同时诞生的。体育起源于人类的劳动和社会生活的需要，原始人类在劳动和生存斗争中，逐渐发展了奔跑、跳跃、投掷、游泳、攀缘等能力。在发现这些能力的发展对于其劳动和生存的助益后，人们开始有意识地对这些能力进行训练，于是体育便逐渐从生产、生活中脱离出来，开始具有独立的形态。体育产生之后，曾在很长一段时间内，是和早期军事活动结合在一起的。诸如射箭、举重、长跑、武术、摔跤等项目，最初都是由军事训练项目发展而来的。学校出现以后，体育也是学校教育的重要组成部分，是人才培养中不可缺少的教育内容。

与欧洲古代的体育注重竞争不同，中国古代的体育更多地表现出尚德和非竞技性的特征。虽然各种拼搏型的体育项目在中国古代也非常丰富，但相比较而言，人们更偏向于用伦理道德来引导和规范体育，并将其作为一种提升内在的方式。人们更多地是通过体育来修养心性、愉悦内心，或者是期望通过身心的协调来达到养生的目的。

中国古代体育源远流长，运动项目种类繁多，其研究成果已十分丰富，不仅有专门性的论著，很多教育史通论也多有涉及。本章仅选择射箭、投壶、蹴鞠、武术、导引等有代表性的传统体育项目略加介绍。

射箭

在先秦时代，体育便受到普遍的重视，文武兼备是人们都期望达到的目标。《诗经・小雅・六月》中称赞周宣王的臣子尹吉甫“文武吉甫，万邦为宪”，朱熹对这句诗解释道：“非文无以附众，非武无以威敌。能文能武，则万邦以之为法矣。”只有能文能武，才能成为人们普遍学习的榜样。

孔子继承并发扬了这种观点，在他看来，所谓“成人”并不是只在某一个方面表现突出，而是在各个方面都能进行很好的发展。在孔子看来，通过“体育”对人进行体格的锻炼和勇武精神的培养，在人格的培养过程中也是具有重要作用的，与道德教育一样不可或缺。孔子说：“志于道，据于德，依于仁，游于艺。”（《述而》）其中“游于艺”是指普遍地学习“六艺”——礼、乐、射、御、书、数。在“六艺”中，有三种与体育直接相关，其中射主要是指射箭的技艺，御是驾车的技术，乐是音乐，其中包括了舞蹈的知识和技能。

在“六艺”成为儒家教育的主要内容之后，其特点也在发生改变，“六艺”从单纯的技术训练逐渐演变成与道德紧

◆战国铜器上描绘的习射场景

密联系的活动。一方面，“六艺”逐渐受到道德的规范；另一方面，学习“六艺”不仅仅是获得知识和技能，也是修养道德的重要途径，这一点在射的教育上表现得非常突出。最初射是要求“贯革”的“主皮之射”，讲求射的力度。从西周铜器铭文看，周代前期的帝王到学宫练习射箭常是射鸟兽禽鱼，近似于实战。到后来，射逐渐成为“射不主皮”的“礼射”，实战要求渐渐隐去，而更多地是强调“射以观德”。[1] 在中国古代，射主要分为大射、燕射、宾射、乡射等不同的类型，即在不同的场合采用不同的礼仪来进行射箭活动。

据《礼记·射义》篇，“孔子射于矍相之圃，盖观者如堵墙”。其大意是说，孔子率弟子在矍相的菜圃演习射礼，围观的人很多，形成了一道人墙。按照礼仪规定，在射前先举行饮酒礼，到了该射箭的时候，孔子让子路手持弓矢出列延请射箭的人，说：“败军之将、亡国的大夫、干求做别人后嗣的人，没有资格进来参加射箭比赛，其他的人有资格参加。”听了这话之后，有一半人自以为合格而留下，另外一半人都走开了。比赛结束之后，大家一起宴饮，并相互敬

1 参见孙培青、李国钧主编:《中国教育思想史（第一卷）》，上海：华东师范大学出版社，1995，第32页。

酒。这时候，孔子又叫弟子公罔裘和序点举起酒杯对在场的人讲话。公罔裘举杯说："年轻时有孝悌的德行，到了老年仍然好礼，不受流俗的影响，洁身自好一直到死，这样的人有吗？如果有，请在宾位落座。"听完这话之后，人又走了一半。序点又举杯说："爱好学习而不厌倦，爱好礼仪而不改变，活到八十、九十乃至一百岁，始终遵循道义，这样的人有吗？如果有，请在宾位落座。"听到这话之后，留下的人就更少了。

不仅射的仪式被道德伦理所规范，射箭这个活动本身也被认为应当含有仁义之道。射箭时自己先要做到心平气和、身体端正，然后才能开始射箭。如果没有射中目标，这跟别人没有什么关系，应当反省自己。就如孔子所说的："君子无所争。必也射乎！揖让而升，下而饮。其争也君子。"(《八佾》) 射箭之争是君子之争，这种争的过程是被礼仪所规范的，而且只有自己修养提高了，以内心的正直来操控外在的弓矢，才更有机会取得胜利。

对射箭进行道德与礼仪规范，一直被后世所延续，汉代就特别注重射箭的礼仪规训功能。"刘昆……教授弟子恒五百余人。每春秋飨射，常备列典仪，以素木瓠叶为俎豆，桑弧蒿矢，以射'菟首'。每有行礼，县宰辄率吏属而观之。"(《后汉书·儒林列传上》) 刘昆是汉代时的儒者，他在进行飨射时，一定要准备好典仪；在用桑做的弓和蒿做的箭来习射时，会歌以“菟首”之诗；每次他率领弟子行礼时，县宰都会带着下属来观看。汉以后，随着社会的发展，射箭这项活动的形式也日益丰富。在唐宋时期，射箭成为了武科举的主要考核项目之一，被纳入了人才的考核之中。

◆明 佚名《明宣宗行乐图》（局部） 投壶

投壶

投壶是古代宴饮时的一种投掷游戏，它是由射箭发展而来的。原本古人宴请宾客时，射箭是常有的活动之一，但因受到场地大小及射艺高低等主客观条件的限制，后来便为更加简易方便的投壶所代替。投壶原本也是一种礼仪，其来源是射礼，投壶之礼在《礼记·投壶》中有详细的记载。在战国时期，投壶已逐渐成为一种普遍的活动。

投壶是将箭投入到壶中，以投中数量的多少来判断输赢。投壶竞赛中，箭矢多少随器具而定，投掷者与箭壶之间的距离并不完全固定，可以视场地大小而定。据《礼记·投壶》记载，投壶比赛中，有专门负责计数的裁判——司射，司射使用算筹作为计数工具。司射会讲明规则，投壶由宾、主轮流进行，如果一人连投，即使投进也不算数。有人投中，司射就放一枚算筹在地上。投射完毕，司射计算双方投中的数量，判定输赢。胜者和不胜者均需要饮酒。

投壶最初是一种礼仪活动，一般是在宴飨礼或者邦国之间的外交活动中举行，其步骤、工具及音乐都有较为严格的要求。春秋时，晋昭公和齐景公就在宴会上的投壶礼中表达了想争夺霸权的心态。但由于投壶活动本身对场地和工具没有太高的要求，这项运动便逐渐在民间流传开来。随着它的流传，其庄重性和礼仪性也逐渐减弱。

到了隋唐时，投壶已经具有了明显的娱乐性，成为名副其实的百姓游戏。到了宋代，以司马光为首的一些儒者便对这种活动的娱乐化进行了批评。如司马光，他批判单纯作为娱乐活动的投壶，认为应当让它回归道德活动。在他看来，投壶不仅仅是一项娱乐活动，更应该是一种可以治心、修身、为国，同时可以观人的道德活动。投壶时应当跟射箭一样，做到心态平和，身体端正。投壶时耸然恭谨，志存中正，这样就可以治心；有一支没投中，就像行为有亏欠一样，需要反省自身的不足，如此便可修身；在投壶过程中始终保持兢兢业业，慎终如始，就像治理国家一样；没投中的时候不会怯懦，投中了不会骄满，这是君子的作为；如果想尽办法依靠投机取巧来取得胜利，这是小人的做法。通过这种对比，可以观人。司马光编有《投壶新格》一书，此书一改旧例，更定新格，故名《投壶新格》，是一部有名的游艺书。此后，明代的汪禔等人也沿袭了司马光的思想，对投壶的过度娱乐化进行批评，认为应当保持其礼仪教化的功用。

蹴鞠

古代另一种比较流行的体育活动是蹴鞠，它是一种类似于现在的足球的运动。蹴鞠又叫“蹋鞠”“蹵鞠”。“蹴”在《说文解字》里解为“蹑也，从足”，就是用脚踢的意思，“鞠”就是皮球。蹴鞠相传是由黄帝发明的，但作为一项运动，一般认为蹴鞠起源于战国时齐国都城临淄。据《史记·苏秦列传》记载：“临淄甚富而实，其民无不吹竽鼓瑟，弹琴击筑，斗鸡走狗，六博蹋鞠者。”当时临淄城里人口众多，富足繁华，娱乐活动非常丰富。在闲暇时，临淄城里的很多人除了弹琴击筑、斗鸡走狗外，还喜欢下棋和蹴鞠。

到了汉代，许多皇帝也喜欢蹴鞠，使这项运动得到了较大的发展。据《西京杂记》描写，汉高祖刘邦建立汉朝后，将父亲刘太公也接到了皇宫，并尊为太上皇。但是让刘邦不解的是，他父亲在皇宫里整天锦衣玉食，却始终闷闷不乐。于是刘邦便向太公的侍人了解原因，得知刘太公以前在丰邑时，最喜欢的就是斗鸡和蹴鞠，他每日里和那些杀猪卖肉、酤酒卖饼的好友们一起踢球取乐。自从搬到皇宫之后，再也没人跟他一起斗鸡、踢球了，因此便闷闷不乐。刘邦听了之后，便命人仿照丰邑的样子在长安附近建了一个叫“新丰”的地方，将原来丰邑的乡亲父老都迁到这边来。于是，刘太公又可以和老友一起喝酒踢球了。

后来的武帝、元帝、成帝也喜欢蹴鞠，汉武帝还在上林苑修建了专门的球馆。在汉代，蹴鞠受到广泛的重视，主要还是因为其在军事训练中所发挥的作用。由于需要与匈奴作战，汉朝发展了大规模的骑兵。但由于汉代马具尚不完善，骑兵长时间在马上骑行，很容易出现肌肉疲劳和损伤，而在休息时进行蹴鞠可以使肌肉得到恢复和锻炼，于是蹴鞠就成了军中的一项重要活动。

蹴鞠的流行，不仅在于其练兵价值，还有一个原因是它与礼法暗合。东汉的李尤曾写过一首《鞠城铭》：“圆鞠方墙，仿象阴阳，法月衡对，二六相当；建长立平，其例有常，不以亲疏，不有阿私；端心平意，莫怨其非，鞠政由然，况乎执机。”这篇铭明显地表达了“蹴鞠亦有治国之象”的含义，在他看来，不仅蹴鞠的场地和器具符合阴阳之道，具体的踢球过程更是合乎礼法要求。裁判人员不能有偏私之心，不能按关系亲疏来进行评判，而踢球的人要有中正平和之心，要客观看待结果，治国之道不也正是这样的吗？

蹴鞠一般有两种形式，一种是在一定规则下进行对抗的比赛，另一种是有表演和观赏性质的花法蹴鞠。到了宋代之后，竞争性比赛这种形式的蹴鞠越来越少见，而表演性质的蹴鞠则越来越兴盛。这种表演性质的蹴鞠还曾进入礼制之中，宋代在册命亲王大臣和接待别国使臣的礼仪中，就有表演蹴鞠的环节。在宋代还出现了蹴鞠行会组织——齐云社，齐云社订有社规，还确定了参赛的人数、比赛规则等。宋代甚至还有人因为蹴鞠技艺高而被授予官职。到了明清，由于统治者的不重视甚至一度禁止，这一项历史悠久的运动便逐渐走向衰落。

四

武术

中国传统体育里最受人瞩目的项目莫过于武术。“武术”一词最初见于南朝宋时颜延之的《皇太子释奠会作诗》，诗曰“大人长物，继天接圣。时屯必亨，运蒙则正。偃闭武术，阐扬文令”，此处的含义主要是指军事或者战争。现代意义上的“武术”一词最早出现在清末，是对中国传统技击术的统称。在民国时期，“武术”与“国术”两词并用。直到新中国成立后，“武术”一词才被最终确定下来。

武术被认为源于远古时的狩猎和战争，当人类面对比自己强大的野兽或者敌人，在力量、速度不占优势的情况下，除了依靠集体的力量外，便是考虑如何利用技巧来取得胜利，当这些技巧被验之有效并得到传承时，武术的雏形便产生了。这种武术的雏形随后表现出其优势，春秋时齐国的士兵在练习了武术之后，战斗力大大增强，往往能在对战中取得胜利，即管仲所说：“以能击不能，以教卒练士击驱众白徒，故十战十胜，百战百胜。”（《管子·七法》）

武术虽然脱胎于暴力的格斗，但它很快就脱离了最初野蛮、血腥的状态，在中华传统文化的影响之下，它逐渐发展为一种高度文明的体育形态。武术的传承有着与其他体育项目明显不同的特征，它是通过严格的师徒制相传承。在传承中，除了能力和潜质外，传承人的道德品质往往成为评判的主要依据。

据“少林十戒约”（宗法第二时期）：“传授门徒，宜慎重选择，如确是朴厚忠义之士，始可以技术相传，惟自己平生之得力专门手法，非相习久而知最深者，不可轻与相授。至吾宗之主旨，更宜择人而语，切勿忽视。”一些武术家们如果没有合适的传承人选，宁可让自己的技艺失传也不能乱传。

武术的发展离不开伦理道德的规范，“武德”贯彻在武术教育的整个过程中。在“武德”之中，最为鲜明的一点就是义，这是传统武术家们所共同倡导的原则。合于义的事情，哪怕舍弃性命也在所不辞；不义的事情，哪怕面对君王的威逼利诱也丝毫不动摇地拒绝。明末清初的贺贻孙曾如此评价古代的侠士：“古今侠烈之士，所以大过人者，则存乎胆与气矣。虽然胆恃气而后充，义气所鼓，胆即赴之。”（《水田居文集》卷三）

战国时期的荆轲以他的行为很好地诠释了这一点。荆轲是卫国人，喜好读书和击剑，并经常与别人切磋、交流剑术技能。后来到了燕国，经常和高渐离等人在一起饮酒歌唱。时值战国末年，秦国正在统一天下的征战之中。荆轲不愿六国之人遭受秦国的暴虐统治，于是便受燕国太子丹的托付，前往秦都刺杀秦王嬴政。虽然他自己预料到此行难以成功，但人民大义及好友托付使然，所以他歌以“风萧萧兮易水寒，壮士一去兮不复还”诀别亲朋，毅然决然前往秦国。（《史记·刺客列传》）虽然荆轲最后以失败告终，但是他的侠义精神名垂后世。

在中华武术流派中，少林武术是著名的一派。少林寺位于河南登封西北少室山的五乳峰下，始建于北魏，因其处于少室山林之中，故名少林寺。少林功夫是在嵩山少林寺这一特定佛教文化环境中逐渐形成的，以佛教信仰为基础，体现了佛教禅宗的智慧，以少林寺僧人修习的武术为其主要表现形式。根据少林寺流传下来的拳谱记载，历代传习的少林功夫套路有数百套之多，其中流传有绪的拳械代表有数十种。另有七十二绝技，以及擒拿、格斗、卸骨、点穴、气功等各类独特的功法。[1]少林功夫源远流长，但真正让少林寺名声大振的，是少林众僧与唐朝皇家的一段渊源。

隋朝末年天下大乱，各地群雄并起征战一时，使得生灵涂炭。少林寺也曾被贼人所占据，因为寺内僧人拒绝服从，

---

1 参见释永信：《禅武一体的少林功夫》，《少林与太极》2015年第1期，第4—5页。

最后塔院均惨遭火焚。当李世民的仁义军队到达洛阳附近时，少林寺僧人志操、惠玚、昙宗等人便前往倾力相助。据裴漼《皇唐嵩岳少林寺碑》:“太宗文皇帝，龙跃太原，军次广武，大开幕府，躬践戎行。僧志操、惠玚、昙宗等，审灵眷之所往，辨讴歌之有属，率众以拒伪师，抗表以明大顺，执充侄仁则以归本朝。太宗嘉其义烈，频降玺书宣慰。既奉优教，兼承宠锡，赐地卌顷，水碾一具，即柏谷庄是也。”为了帮助李世民，他们凭借自己出色的武艺，将王世充的侄子王仁则擒获并送至李世民的军营，为唐军攻克洛阳立了大功。李世民登基以后，没有忘记少林寺的功劳，为了嘉奖少林僧人的忠义节烈，特别赐给了少林寺四十顷田地和一具水碾。从此以后，少林寺的名声逐渐显赫，少林武术也名扬天下。

宋代以后，少林寺不断汇集各地的武术精粹，寺里的僧人也将这些武术融会贯通，使得少林武术愈发精深。少林武术始终将忠义道德放在首位，这也是其真正得以天下闻名的原因。如明朝中后期倭寇进犯，少林武僧前往沿海参加抗倭斗争，英勇抗敌，护卫百姓，体现了扶危济困、救护苍生的武术精神。

明清时期是中国武术最为繁荣的时期。当时，一种与少林武术修炼方式不同的武术流派兴起，即内家功夫流派。内家功夫更强调身心的一致，讲究以静制动、后发制人、以柔克刚。内家功夫里最为著名的是太极拳。太极拳通过《周易》的太极、阴阳之道来阐释拳道。太极拳家将此武术的根源追溯到天道上面，并认为天道和拳道在本质上是相通的，因而认为在练习太极拳时，不仅要练习动作套路，更重要的是通过对意念和内气的协调，从内心去体验太极这一天道。明朝万历年间，山西民间武术家王宗岳（一说为清乾隆年间人）在其《太极拳论》中，将太极拳道概括为："粘即是走，走即是粘；阳不离阴，阴不离阳；阴阳相济，方为懂劲。懂劲后愈练愈精，默识揣摩，渐至从心所欲。"太极拳演练时的张弛有度、身心协调，正符合中国传统阴阳调和的思想，于是在其出现后便得到广泛的流传。一直到今天，太极拳仍是许多武术爱好者以及普通健身者所喜爱的体育项目。

导引

作为中国特有的体育项目，导引是一项在中国传统的天人合一哲学基础上发展起来的体育运动。导引主要通过伸展身体、宣导气血来达到养身、防病、康复的目的。相传导引是由帝尧[1]发明的，“昔陶唐氏之始，阴多，滞伏而湛积，水道壅塞，不行其原，民气郁阏而滞著，筋骨瑟缩不达，故作为舞以宣导之”（《吕氏春秋·古乐》）。按照此传说，远古陶唐氏治理天下时，由于阴气聚集过多，地上的河流堵塞，洪水泛滥；人民受其影响，阴气郁结在身体里不能发散，筋骨收缩而不舒展；因此便发明了导引之术，让人们练习，以发散阴气而使身体健康。

庄子曾对导引的练习有过描述：“吹呴呼吸，吐故纳新，熊经鸟申，为寿而已矣。此导引之士，养形之人，彭祖寿考者之所好也。”（《庄子·刻意》）吹嘘呼吸，呼出浊气，吸入新鲜空气；模仿熊攀缘树和鸟在空中展翅的动作；

1 据唐代颜师古考证，《吕氏春秋·古乐》中“陶唐氏”应为“阴康氏”传写之误。这一说法本来就是传说，故本文仍采用原文说法。

这是擅长导引、养生的人，像彭祖那样高寿的人喜欢做的事情。从庄子的描述中可以看出，导引并不单单是肢体的运动，而是形、意、气三者相结合的一种运动，通过肢体的运动来锻炼形体，通过有意识地控制呼吸来练气，并且以意念来引导气的运行。

王充曾讲过“百岁之命，是其正也”，在古人看来，活到一百岁（或者一百二十岁）才是真正到了天年，之所以很多人没有达到百岁的天年而死亡，是由于各种外在欲念的干扰，人生出各种疾病。因此，古人认为，与自然相协调，进入完全的自然状态，人应该能够长寿。人们发现，自然界的各种动物浑然天成，自然地生活在天地之间，没有受到任何杂念的干扰，是最好的模仿对象。于是一些模仿动物行为的导引术开始出现，在各种模仿动物的导引术里，华佗发明的“五禽戏”最为著名。

华佗是东汉末年著名的医生，他曾在徐州一带游历学习，通晓多种经书。据《后汉书·方术列传下》记载，吴普跟从华佗学习医术，华佗对他说：

> 人体欲得劳动，但不当使极耳。动摇则谷气得销，血脉流通，病不得生，譬犹户枢，终不朽也。……吾有一术，名五禽之戏：一曰虎，二曰鹿，三曰熊，四

> 曰猿，五曰鸟。亦以除疾，兼利蹄足，以当导引。体有不快，起作一禽之戏，怡而汗出，因以著粉，身体轻便而欲食。

华佗意思是说，人要经常运动，但是不能过度。多运动就能使饮食消化，血脉流通，这样就不易生病。就像门的轴一样，经常转动，不易腐朽。他的这一套法子，叫作五禽戏。所谓五禽：一是虎，二是鹿，三是熊，四是猿，五是鸟。模仿它们的动作进行运动，可以去除疾病，还可以使人手脚强健，这便是他的导引术。身体有不适时，起来做一禽的动作，身体出汗，再用药粉扑身，身体就轻快且食欲增进。五禽戏将防病治病与强身健体结合起来，同时也体现了人与自然相通的理念。

“八段锦”的出现是中国导引术发展成熟的标志之一。“八段锦”的名字最早见于宋代文献。八段锦由八节动作组成，是一种深受喜爱的健身术，“锦”是形容这套动作舒展优美。到了明清时期，八段锦在民间非常流行，不管是达官贵人还是普通老百姓都喜欢练习，并且还分化出立势和坐势两大系统，及文八段锦、武八段锦、十二段锦、十六段锦等不同形式。如明代坐式八段锦就有叩齿集神、摇天柱、舌搅漱咽、摩肾堂、单关辘轳、双关辘轳、托天按顶、钩攀等八种术势，通过叩齿、咽津、按摩、运气等步骤，以达到对头、手、足等部位的保健。[1]

1 参见包来发:《八段锦简史》,《中医文献杂志》2001年第2期，第38页。

体育

中国传统体育的衰落始于19世纪中叶，相伴随的则是西方近代体育随着其他西方文化一起涌入中国。鸦片战争后，洋务派认为，西方军队屡屡战胜清朝军队的原因，除了他们有坚船利炮外，还有他们士兵的战斗力普遍强于清兵。因此兵操便被引入了洋务派创办的新式学堂里，成为了必修课程。

随着西式体育在新式学堂的逐渐普及，它的强身健体的功效也逐渐被认可。但此时，人们一般还是将这种西方传进来的运动称为“体操”，而“体育”作为专门术语是从日本引入我国的。

本章开篇讲到，1876年，日本学者近藤镇三以汉字词“体育”对译英文中的“physical education”。此后，中国的留日学生将“体育”一词引回国内。由于西式体育与中国传统体育之间有巨大差异，因此在很长一段时间内在中国还是处于边缘地位。

近现代体育地位的真正上升，还是来自于20世纪初救亡图存时局下的军国民与尚武思潮的推动，其时国人把体育当成富国强兵的重要手段，急切希望通过身体素质的强健来实现救国的目的，兵式体操被推广至社会的各个层面。但这种盛行是对体育的片面认识所导致，而体育的真正价值反倒被忽视。[1]

20世纪20年代以后，随着人们对西方现代文明认识的不断深入，人们对于救亡图存有了更为清晰的思考，此前那种寄希望于“体育救国”的思潮也逐渐退去。另一方面，人们对现代体育的认识也不断深入，逐渐让体育回归到它的本质，使其逐渐成为了人们生活的一部分。

1 参见张晓军:《近代国人对西方体育认识的嬗变：1840—1937（第2版）》，长春：东北师范大学出版社，2015，第124—126页。

文化关键词

射礼

射箭之礼，是古代人伦生活中的一项重要礼仪。“射”指射箭，是古代学子需要掌握的六种基本技能之一。“射礼”即是按照特定的仪程，安排宾主三番轮射。因射者的身份及礼仪场合不同，“射礼”又有大射、乡射、燕射之别。“射礼”中的射箭活动，除了追求中的（dì）的准度等实际射击效果，也要求射者身体和心态的端正，射得不中则反省自己的身心状态。这种射箭的要求和自省的态度，正符合道德修养的要求。因此，“射礼”除了比较射箭技艺，也具有辅助道德修养的意义。

勇

“勇”的基本含义是勇敢。“勇”作为一种德行，要求在行事之时，不畏惧困难，不计较个人利害，始终坚守道义的原则，敢于制止违背道义的行为。“勇”的表现需要基于对道德、礼法的认知与遵守。如果缺少对道德、礼法的遵守，勇敢之行就会流于好勇斗狠或铤而走险，并导致社会混乱。

自强不息

自己努力向上，强大自己，永不懈怠停息。古人认为，天体出于自身的本性而运行，刚健有力，周而复始，一往无前永不停息。君子取法于“天”，也应发挥自己的能动性、主动性，勤勉不懈，奋发进取。这是中国人参照天体运行状态树立的执政理念和自身理想。它和“厚德载物”一起构成了中华民族精神的基本品格。